JN085683

ソーシャルメディア時代の東南アジア政治

見市 建／茅根由佳 =編著

明石書店

目次

ソーシャルメディアと東南アジアの民主主義

見市　建・茅根由佳

1.　ソーシャルメディアの光と影

　2019年現在、世界中で約44億の人々がインターネットへのアクセスを持ち、そのうち35億人がソーシャルメディアを利用しているという。フェイスブックやツイッター、インスタグラムといったSNS（ソーシャル・ネットワーキング・サービス）、ユーチューブやニコニコ動画のような動画共有サイト、ラインやワッツアップのようなメッセージングアプリは、もはや現代人の日常生活に欠かせないツールになっているといえよう。

　ソーシャルメディアとは、ユーザー（利用者）が参加することによって、その内容や利用方法が常に変化するような情報媒体である。それがソーシャル（社会的）たりうるのは、ユーザーが提供する情報が、多くの他のユーザーの思考や行動に対して影響を与えるからである[1]。まず、ソーシャルメディアにおいては、インターネットにアクセスできる環境さえあれば、誰もが非常に低いコストで情報を発信することができる。そして自分が発信した情報は、人々の反応（「いいね！」や「リツイート」「シェア」）によって、さらに目立つ場所に表示されるようになる。他者からの注目や反応はちょっとした快感をもたらし、ユーザーにさらなる情報の発信を促す。また、関連する情報を集めたハッシュタグ（#）の機能によって、自分の興味や価値観にあった情報を瞬時に見つけることができる。そして自分から探すまでもなく、アルゴリズムと呼ばれるコンピューターの計算方法によって、ユーザーの好みに合わせた情報が常に提供される。自分の投稿やフォロワーの傾向によって、「おすすめ」のユーザーや

広告が表示されるのはその一例である。アルゴリズムは人工知能（AI）の進歩によって、日々向上している。ソーシャルメディアの浸透は、人々の日常的なコミュニケーションの方法や世論形成のあり方を大きく変え、したがって政治にも変化をもたらすようになった。

　誰もが意見や情報を発信することができる点で、ソーシャルメディアは民主化に前向きな影響を与える重要なツールであるといえる。たとえば、2011年に始まったいわゆる「アラブの春」において、チュニジアとエジプトでは、若者たちがツイッターやフェイスブックで集会を呼びかけ、瞬く間に政権批判の波を拡大させた。両国における権威主義体制の崩壊は、驚くほど短期間のうちに実現した。最近では、政府に対する激しいデモが続く香港の事例がすぐに思い浮かぶだろう。2019年6月以降、逃亡犯条例改正案をきっかけに、ソーシャルメディアを駆使した抗議運動には少なくとも数十万の人々が参加した。この運動は、2020年に入っても世界中の人々の関心を集めて継続している。また、ソーシャルメディアの浸透によって、日常に蔓延する構造的な差別にもスポットライトが当てられるようになっている。たとえば、「#me too（私もそう）」運動は、性の相違に基づくハラスメントや搾取に耐えてきた世界中の女性たちの共感を呼び、彼女たちを差別是正のための行動に駆り立てた。そして、この運動が社会におけるジェンダー規範（たとえばセクシャル・ハラスメントの基準）を変えつつある。ソーシャルメディアは人々の政治参加のハードルを下げ、政治体制や社会の規範をも揺るがす民主的なツールとなっている。

　他方で、近年の世界的な民主主義の後退の潮流を受けて、ソーシャルメディアがもたらす異なる効果にも注目が集まるようになっている。民主主義体制を謳っていても、権力エリートが恣意的に権力の配分や政策を決めたり、司法やメディア、そして国民の自由を制限したり、特定の勢力を攻撃して人権侵害を招くような現象が各地で相次いでいる[2]。本書では、こうした状況を指して民主主義の後退と呼ぶ。

　ソーシャルメディアは時に、このような民主主義の後退をもたらすツールとなる。たとえば、権力エリートがソーシャルメディアの性質をうまく利用すれば、人権を侵害するような攻撃であっても、それがあたかも「正当な主張」であるかのように受け取る人々を増やすことができる。具体的には、他者を攻撃

し、憎悪を煽るような扇動的なメッセージを短期間にのうちに拡散させ、ア
ルゴリズムによって同じような考えを持ったユーザーに届けることができる。
ユーザーは、自分の価値観に合った情報を繰り返し受け取ることで、嗜好や感
情がさらに増幅されるエコーチェンバー（共鳴室）現象に陥る。そこでは、時
間と言葉を尽くした丁寧な議論（熟議）よりも、感情に訴えかけるシンプルな
メッセージが力を持つ。そして、既存の社会的・政治的な亀裂や対立を増長
し、特定の政治指導者への支持や他者への敵対を強める効果をもたらす。ソー
シャルメディアは、その機能の活用の仕方によっては多様な利益や価値観の存
在から目をそらし、偏狭で同一的な世界に人々を閉じ込めてしまうのである。
　こうしたソーシャルメディアのメカニズムは選挙において有用である。たと
えば、意図的に偽の情報（フェイクニュース）を拡散させる手法や他者の攻撃に
特化した悪意のあるボット（自動化されたタスクを実行するアプリケーション）、ト
ロール（荒らし行為）による匿名の脅迫などを利用した対立候補への攻撃も常
套手段となっている[3]。落ち目にあったアメリカの不動産王ドナルド・トラン
プが、この手法で一躍大統領にまで上り詰めたことはよく知られている。多く
の有権者が、「歯に衣着せぬ」トランプのツイートに対して「我が意を得たり」
と支持を示した。しかし、トランプの主張には嘘や誇張、他者への憎悪（ヘイ
トスピーチ）が多分に含まれていた。真実と虚偽の境界が曖昧な「ポスト・トゥ
ルース」時代の到来である。
　つまり、誰もが簡単に広い世界に情報を発信できるソーシャルメディアは、
人々に圧政や差別に抗議する手段を提供するという意味で広く民主化に貢献す
る可能性を持つツールであると同時に、それを利用する主体や方法によっては
逆に、民主主義の深刻な脅威にもなりうるのである。

2. ソーシャルメディアが変える東南アジア政治

　さて、本書では、近年急速にソーシャルメディアの浸透が進んでいる東南ア
ジア諸国の事例を考察していく。東南アジアは、世界的にみてもソーシャルメ
ディアの普及率が非常に高い地域である。2019年1月の調査によれば、13歳
以上の普及率は世界平均の58％に対し、域内では78％にのぼる（日本は69％）。

さらに、東南アジアの人々がソーシャルメディアにかける時間は、世界でも群を抜いて長い。世界平均は1日2時間16分、日本はわずか36分であるのに対し、フィリピンでは1日平均4時間12分、インドネシアでは3時間26分をソーシャルメディアに費やしている（表1）。

　インターネットへのアクセスは圧倒的にスマートフォンを通じたものである[4]。スマートフォンなどモバイル機器を通じた1日のインターネット接続時間でも、タイの5時間13分を筆頭に、フィリピン、インドネシアが世界2、4位と上位に並ぶ。家族や知人との連絡手段から、ニュースのチェックや趣味についての情報収集、そして配車アプリの利用など、ソーシャルメディアとスマートフォンが生活に占める程度は、日本よりはるかに高いといえるだろう。

　ソーシャルメディアの中でも圧倒的な利用シェアを誇るのは、フェイスブックやワッツアップなどのメッセージ機能に長けたアプリである。フェイスブックの利用者数でみると、インドネシアは世界3位、6〜8位はフィリピン、ベトナム、タイと東南アジア諸国が続く（表2）。総人口が世界4位のインドネシアはともかく、それぞれ総人口が12、13、21位の3カ国の利用者数は驚異的である。

　これらのアプリを通して、一般の人々がソーシャルメディア上で政治について知人と議論したり、情報を共有するのは珍しいことではない。そのため、政治家もソーシャルメディアの動向に敏感であり、自らのアカウントで頻繁に発信している。インドネシアのジョコ・ウィドド大統領（以下、ジョコウィ）は、ソーシャルメディアを通じて日々の活動や政権の業績などの情報をほぼ毎日更新している。彼のツイッターアカウントには1278万人、フェイスブックには993万人のフォロワーがおり（2020年1月末現在）、話題によっては数万の「いいね！」やリツイートがつく（図1）。大統領府には数十人のソーシャルメディア担当スタッフが常駐して、ソーシャルメディアの動向を分析し、大統領による発信の中身やそのタイミングを検討している。ジョコウィの息子カエサン・パンガレップが運営するユーチューブ・チャンネルも人気で、数百万回の再生回数を持つ動画もある（図2）。人口がインドネシアの約半分である日本の安倍首相のツイッターのフォロワーは164万人、フェイスブックは59万人にすぎないことと比較すると、その浸透度の高さと政治における重要性の違いがわかるだ

表1. 1日にソーシャルメディアに費やす時間
（16〜64歳、2018年、調査44カ国中）

順位　国名	時間
1. フィリピン	4:12
2. ブラジル	3:34
3. コロンビア	3:31
4. インドネシア	3:26
5. アルゼンチン	3:18
6. ナイジェリア	3:17
7. メキシコ	3:12
8. タイ	3:11
9. ガーナ	3:07
10. エジプト	3:04
44. 日本	0:36

表2. フェイスブック利用者数

順位　国名	利用者数（百万）
1. インド	300
2. アメリカ	210
3. ブラジル	130
3. インドネシア	130
5. メキシコ	86
6. フィリピン	75
7. ベトナム	61
8. タイ	50
9. トルコ	43
10. イギリス	40
25. 日本	25

出所：We are social（2019）から著者作成

図1. インドネシアのジョコ・ウィドド大統領のツイッター
2019年10月成立の第2次内閣のスローガン「前進するインドネシア」が掲げられている。スーツ姿で丁寧に袖のボタンを留める仕草は、「仕事人」としての姿とともに親しみやすさを演出している。
出所：https://twitter.com/jokowi（2020年1月28日アクセス）

**図2. ジョコ・ウィドド大統領の息子カエサンが運営する
ユーチューブ・チャンネル**

親子の腕相撲という愉快で親しみやすい話題のなかに、「強い人間と
いうのは、体格が立派か否かではなく、辛抱強さと信仰心によって
決まる」というジョコ・ウィドドの「名言」を挟んでいる。彼は細
身で力強さに欠けており、政治指導者には不適格であるという批判
を常に受けてきた。これにさりげなく対抗しているのである。
出所：https://www.youtube.com/watch?v=fplFDfbh-jM&t=19s
（2016年7月3日アップロード、2020年1月28日アクセス）

ろう。

　東南アジアは、ソーシャルメディアの利用拡大と民主主義との相互関係につ
いて考えるための事例の宝庫である。まずソーシャルメディアは、権威主義的
な政治指導者や与党を批判し、エリート支配に風穴を開けて人々の政治参加を
活発化させ、政府からの応答を引き出すという意味で、民主化を促進する機能
を果たしている[5]。

　たとえば、フィリピンのネットメディア「ラップラー（Rappler）」は、「アジ
アのトランプ」ともいわれるロドリゴ・ドゥテルテ大統領への最も勇敢な批判
者であり、報道を通じて政権の横暴を手厳しく追及してきた。また、特定の個
人や集団への攻撃、ひいては人権侵害の原因ともなりうるフェイクニュースの
拡散を防ぐため、細かいファクトチェック（ニュースや政治家の発言などの真偽検
証）も行っている（図3）。同サイトのフェイスブック購読者は402万人にのぼ

Claim: Facebook group Philippines Freedom Wall claimed in a post that 95 United Nations (UN) countries believe there are no extrajudicial killings (EJKs) in the country.

図3.　ラップラーのファクトチェック・ページ

「間違い：国連加盟95カ国がフィリピンには超法規的殺人はないと信じている」。ドゥテルテ支持のフェイスブック・グループから発信された「ニュース」の間違いを指摘している。政治家の発言に限らず、ソーシャルメディア上で話題になった投稿についても頻繁にファクトチェックが行われている。
出所：https://www.rappler.com/newsbreak/fact-check/241988-countries-un-review-believe-no-extrajudicial-killings-philippines
（2019年10月14日アップロード、2020年1月26日アクセス）

り、ドゥテルテ大統領（435万人）に迫る勢いである。まさに、権力のウォッチドッグ（番犬）としての役割を果たそうとしているのである[6]。

　マレーシアでは、選挙制度の改革や汚職の撲滅を求めるブルシ（清潔）運動が2007年から10年以上継続し、長期政権をじりじりと追い詰めた。運動の継続と同国史上稀にみる規模の路上での動員の実現には、ソーシャルメディアが不可欠だった。さらに、2015年には、ナジブ・ラザク首相（当時）の汚職疑惑がやはりワッツアップを通じて多くの国民の知るところとなった。首相の汚職疑惑は、政権が統制するテレビや新聞などの国内メディアではほとんど報道されなかったものの、ワッツアップで海外のニュースが転載、そして拡散されたのである。ブルシ運動が多くの人々の関心と支持を引きつけて野党連合を支援した結果、2018年総選挙ではマレーシア史上初の政権交代が実現した。

　インドネシアでは、ソーシャルメディアが2014年に大統領となったジョコ

ウィの当選を後押しした。ジョコウィは2005年に地方都市の市長に当選する前は一介の零細企業の社長であった。そして、1998年の民主化後も継続していたエリート支配を打破する初の「庶民派大統領」として人気を集めた。また、ソーシャルメディア上の批判の高まりによって、国民の権利を制限するような法案の国会審議が止められたり、政府の方針が変更されることもたびたび生じるようになっている。たとえば、2014年には地方首長の直接選挙制度を廃止しようとする国会の決定が覆された。2019年9月には、国会会期末に行った汚職撲滅委員会（KPK）の権限縮小を含む法改正への批判が高まり、学生が路上に繰り出してその後の審議をすべて停止させた[7]。

ミャンマーでは、ソーシャルメディアの解禁によって、軍事政権下で長年自宅に幽閉されていたアウンサンスーチーの写真やメッセージが多くの人々の手元に届くようになった。その結果、2015年にはスーチー率いる政党が総選挙で圧勝した。東南アジアでも、一般の人々がソーシャルメディアを利用することで、さまざまな局面で政治指導者や政権与党への監視圧力を格段に強めていることがわかる。

しかし、2018年総選挙の政権交代が民主化への前進とみなされているマレーシアを除くと、今日の東南アジア諸国は全体的に民主主義の後退状況にある。ソーシャルメディアの巧みな操作によって、社会的弱者に対する人権侵害が肯定されたり、政治指導者による非民主的な国家権力の利用が正当化されているためである。本書では主に、こうしたソーシャルメディアの負の側面に注目しながら、それぞれの国において民主主義への影響を検討する。

3. 本書の内容

東南アジア地域には比較的自由な民主主義から一党独裁や軍政の権威主義体制まで、幅広い類型の政治体制が存在しており、各国の民主化の度合いはさまざまである。しかし共通して、多くの国で人々によるソーシャルメディアの利用が選挙をはじめとする政治的競争のあり方を大きく変えている。本書では、自由の度合いに差はあれ、選挙が行われ、オープンな政治的競争が存在する5カ国（インドネシア、フィリピン、マレーシア、ミャンマー、タイ）を対象に、ソー

シャルメディアと民主主義の関係について分析する。

　各章では、ソーシャルメディアを利用する政治アクター（行為主体）とその利用方法に注目し、民主主義へのインパクトを検討する。それぞれの章で焦点を当てられるアクターは、世論を操作したり、統制しようとする政治指導者や国家機関の権力エリート、あるいは民間のインフルエンサー*である。各章の順序は、選挙の公正さや政治参加の包括性を基準とした選挙民主主義の度合いに対応している[8]。すなわち選挙を基準として、最も民主的なインドネシアから始まり、最も非民主的なタイに終わる。

　第1章「インドネシア・ジョコウィ政権にみる情動エンジニアリングの政治」（本名純）と第2章「2019年インドネシア大統領選挙におけるオンライン・イスラーム説教師の台頭」（茅根由佳）では、これまで民主化の成功例とみられてきたインドネシアの事例を検討している。第1章では、ジョコウィ政権の「麻薬戦争」、2019年大統領選挙における対抗馬プラボウォ・スビアントへのネガティブ・キャンペーン、そして汚職対策の後退を事例として、政権の権力エリートによる世論操作の実態とその効果を明らかにしている。各事例に共通するのは、権力エリートがソーシャルメディアを駆使して明確な「敵」を創出し、「不安」を煽ることで、自らの立場や政策を「救済」として提示するプロパガンダである。こうした権力エリートによるソーシャルメディアの操作はインドネシア社会を分断し、ひいては民主主義の機能不全を招いている。

　続く第2章は、2019年の大統領選においてプラボウォ陣営のインフルエンサーとなったイスラーム主義説教師アブドゥル・ソマドに注目し、一部の地域でプラボウォへの支持が集中した理由を分析している。プラボウォ陣営はジョコウィ政権によるイスラーム主義者への強権的な圧力行使を争点化した。これにより政権を「反イスラームの権威主義政権」と印象づけ、効果的に一般のムスリムの反感を煽った。この過程において、ソーシャルメディアを通じて急速に人気を高めたソマドは、強権に立ち向かう「善良なるムスリムの代表」と自らを演出した。一方で、国民国家や民主主義を肯定的に語ることで、「過激派」

---

　*　ソーシャルメディア上で影響力を持つ人物。消費者の行動に影響を与えるインフルエンサーを使ったマーケティングは政治においても一般化しつつある。

との烙印を回避し、有権者に受け入れやすい工夫もした。その結果、ムスリム多数派地域の多くではプラボウォが勝利した。この2つの章は、民主主義の停滞を招く原因となった、大統領候補者間の対立と分極化状況をそれぞれの視点から分析している。

　第3章「ソーシャルメディアのつくる「例外状態」：ドゥテルテ政権下のフィリピン」（日下渉）では、フィリピンのドゥテルテ大統領が政権発足直後に掲げた麻薬撲滅対策によって、1万人以上ともいわれる犠牲者を出しつつも、8割もの国民から支持を受け続ける理由を明らかにしている。高度経済成長が続くフィリピンでは、新自由主義を受け入れ、自らを規律化することで社会階層の上昇を目指す「善き市民」が多数派となった。彼らは多大なストレスを抱えつつ暮らすなか、既存エリートや麻薬関係者を自分たちの成功を妨げる「悪しき他者」とみなす。そして、偽情報も含むソーシャルメディアの言説に共鳴することで、暴力により「悪しき他者」を懲罰し、「善き市民」を救出する「義賊」としてのドゥテルテ像を構築していったのである。

　第4章「治安部門のグッド・ガバナンス：どうすれば軍を監視できるのか」（木場紗綾）では、ソーシャルメディアの普及と軍を中心とした治安部門ガバナンスの関係を検討する。東南アジアでは、一般に軍の権力濫用に対する市民社会の不信感が強く、軍はソーシャルメディアを通じた監視圧力に手を焼いている。他方、2017年に起こったフィリピンのマラウィにおける戦闘では、軍は大統領府やジャーナリストを味方につけて、例外的に国民的支持を集めることができたため、軍の行為の妥当性についての検証がなされなかった。つまり、人々がソーシャルメディアを通して軍に感情移入するような状況になれば、軍という権力への監視はまったく機能しなくなってしまう。2つの章は、ソーシャルメディア時代の権力の監視や統制の困難さを指摘している。

　第5章「ナジブ・ラザクとマレーシアのソーシャルメディアの10年（2008〜2018年）」（伊賀司）は、ナジブ・ラザク前首相を中心に、与野党や市民社会組織のアクターによるソーシャルメディアの利用がマレーシアの民主主義に与えてきた影響を分析する。ナジブは2009年に首相に就任して以来、野党や市民社会勢力に先行を許してきたソーシャルメディアを積極的に活用し、統一マレー人国民組織（UMNO）の与党の座を維持しようとした。これに対して、

野党を支持する市民社会組織は、ナジブの汚職疑惑を争点化して攻勢を強め、2018年には長期政権を打倒した。一度地に落ちたナジブではあるが、ソーシャルメディアによるイメージ戦略を通して虎視眈々と権力への復帰をうかがっている。マレーシアは選挙民主主義の評価では、インドネシアとフィリピンを下回るものの、「インターネット上の自由」においてはインドネシアを上回る国際的評価を得ている[9]。まさにソーシャルメディアが、政治変動の機会を提供したといえるだろう。

第6章「自由とソーシャルメディアがもたらすミャンマー民主化の停滞」（中西嘉宏）は、2011年の民政移管によって、長年の軍政から解放されたミャンマーにおけるソーシャルメディアの役割を検討している。ミャンマーでは民政移管後、国民の「表現の自由」が急速に拡大した。当初、ソーシャルメディアは長く抑え込まれてきた市民社会を活性化させた。同時に、選挙キャンペーンでも、ソーシャルメディアの浸透がアウンサンスーチーとその政党に有利に働いた。そのため、2015年総選挙でスーチーは勝利して政権奪取を果たした。他方で、ソーシャルメディアを通じて少数派ムスリム（ロヒンギャ）に対するヘイトスピーチやフェイクニュースが拡散している。その結果、仏教徒とムスリムの間で暴力的な紛争が起こっている。こうした事態にスーチー政権は十分に対応できていない。むしろ、政府はソーシャルメディアなどで広がる批判を懸念して、表現の自由を抑圧し、民主化が停滞するようになっている。

第7章「権威主義体制下のサイバー空間：タイ軍事政権による情報統制」（外山文子）は、軍が権力を握るタイ政府によって、情報統制がいかに行われているのか、陸軍サイバーセンターをはじめとするその制度と運用の実態について検討している。2000年代半ばから激しくなった当時のタックシン首相の支持者と反タックシン派の政争は、ソーシャルメディアの浸透によってより先鋭化した。軍は、タックシン派を打倒する2014年のクーデターによって政権を掌握し、選挙制度の変更と情報統制を進めた結果、2019年3月に実施した総選挙でも政権を維持した。2つの章では、国内勢力間の対立に乗じて、政府がソーシャルメディア上の自由を制限するようになった経緯を示している。ミャンマーでは、民主化にとってソーシャルメディアが持つ負の効果が次第に明らかになり、政府批判も高まったために、これを封じ込めようとして政府は抑圧に

転じている。タイでは、政府がソーシャルメディアへの介入を強めることで、これまでの分断を上から押さえつけようとしている。

4. ソーシャルメディアは東南アジアの民主主義を後退させるのか？

　それでは、ソーシャルメディアの浸透は東南アジアの民主主義にとってどのような影響を及ぼすのだろうか。いま一度確認しておくべきなのは、ソーシャルメディアを利用すること自体が民主主義に直接悪影響をもたらすわけではないということである。

　冒頭で述べたとおり、ソーシャルメディアは資本や権力を持たない一般の人々に、社会や政治を動かす機会を提供する点で、民主的なツールである。新興政治勢力の台頭や政府批判の高まりを恐れる東南アジアの権威主義的な体制は、政府に批判的なサイトをブロックしたり、批判者を逮捕したりすることで、ソーシャルメディアの利用に事実上の制限をかけてきた。それでも政府に不都合な情報の拡散を完全に防ぐことはできない。ソーシャルメディアは権威主義体制下でも、政治参加の裾野を広げ、民主化勢力をエンパワーするために不可欠なツールになっているといえよう。

　他方で、比較的民主化が進行し、自由な競争が確保されている国では、多様なアクターがソーシャルメディアを容易に「悪用」する。とくに、権力エリートは、選挙や国民の批判に晒されやすいような政策形成、施行の局面において、自らの「民主的」正統性を演出することを目的とした情報操作を行っている。

　こうしたことが民主主義への深刻な脅威になりうる背景には、権力の監視と統制の制度がしばしば十分に機能していないという問題が存在する。権力アクターや強力な社会勢力からの圧力によって、法執行機関が動かなかったり、国家機関間の相互チェック機能が十分に果たされていなかったりするのである。民主主義の基本的な制度が十分に機能していない場合、ソーシャルメディアの利用は国家権力の濫用や基本的人権の侵害などを生む民主主義の後退を招きやすいといえる。

　東南アジアにおいてソーシャルメディアを先行して活用したのはおおむね非

18

権力アクター（市民社会）であったが、次第に権力エリートや多様な社会勢力が活用——あるいは「悪用」——手段を洗練させつつある。その結果、民主主義への負の効果がより目立っているのが現状といえる。多くの国ではソーシャルメディアのさらなる浸透の過程にあり、また技術革新も著しい。民主主義への中長期的な影響について明らかにするためには、さらなる「経過観察」が必要だろう。

＊　　　　＊　　　　＊

　本書は、日本学術振興会科学研究費基盤研究（B）「東南アジアにおける応答性の政治——アカウンタビリティ改革の導入とポピュリズムの台頭」（2017〜2019年度、課題番号17H04510）の助成を受けたものである。本書の企画趣旨に快く賛同いただいた明石書店の兼子千亜紀氏、骨の折れる編集作業をしていただいた小山光氏に感謝申し上げたい。表紙絵は、東南アジア諸国の影絵劇のキャラクターをモチーフに、ソーシャルメディア時代のデモの様子を描いたものである。若きイラストレーターのSukutangan（Genta & Ndari）に敬意を表したい。

注記

（1）　ソーシャルメディアの定義は以下を参照した。Andreas M. Kaplan and Michael Haenlein, "Users of the World, Unite! The Challenges and Opportunities of Social Media," *Business Horizons* 53, 2010, pp. 59-68.

（2）　川中豪編著『後退する民主主義、強化される権威主義——最良の政治制度とは何か』ミネルヴァ書房、2018年、pp. 2-3。民主主義の後退をめぐる議論については同書を参照されたい。

（3）　フェイクニュースの仕組みについては以下を参照。笹原和俊『フェイクニュースを科学する』化学同人、2018年。とくに民主主義への影響について考察したものとして以下を参照。キャス・サンスティーン、伊達尚美訳『＃リパブリック　インターネットは民主主義になにをもたらすのか』勁草書房、2018年。国家によるソーシャルメディアの操作については、オックスフォード大学インターネット研究所の「コンピュータによるプロパガンダ・プロジェクト」が複数の報告書を公開している。Samantha Bradshaw and Philip N. Howard, "Challenging Truth and Trust: A Global Inventory of Organized Social Media Manipulation," 2018. http://comprop.oii.ox.ac.uk/research/cybertroops2018/.　各国の自由についての指標を毎

年発表している国際的なNGOフリーダムハウスの報告書も参照。最新のものは「ソーシャルメディアの危機」と題され、かつて解放の技術だったソーシャルメディアが、現在では監視と選挙の操作の媒介となっていると警告している。Freedom House, "Freedom on the Net 2019: The Crisis of Social Media," 2019. https://www.freedomonthenet.org/report/freedom-on-the-net/2019/the-crisis-of-social-media.

(4) We are social, "Digital 2019: Essential insights into how people around the world use the Internet, mobile devices, social media, and E-commerce," 2019. https://datareportal.com/reports/digital-2019-global-digital-overview; Pew Research Center, "Mobile Connectivity in Emerging Economies," 2019. https://www.pewinternet.org/2019/03/07/mobile-connectivity-in-emerging-economies/.

(5) 政治指導者のアカウンタビリティと応答性について、基本的な概念を整理したものとして以下の第6章「政権とアカウンタビリティ」を参照。砂原庸介・稗田健志・多湖淳『政治学の第一歩』有斐閣、2015年。

(6) もっともラップラーは、ドゥテルテによるソーシャルメディアを使った悪意ある攻撃の矢面にも立たされている。きっかけは2016年の大統領選挙で、ラップラーがフェイスブック社とともに企画した討論会だった。討論会に唯一出演したドゥテルテはソーシャルメディアの有用性を知り、これを「武器」として活用するようになった。そして、政権発足後はラップラーも組織的な攻撃の対象となったのである（第3章参照）。ラップラーとフェイスブック、ドゥテルテの関係については以下に詳しい。Lauren Etter, "What Happens When the Government Uses Facebook as a Weapon?" 7 December 2017. https://www.bloomberg.com/news/features/2017-12-07/how-rodrigo-duterte-turned-facebook-into-a-weapon-with-a-little-help-from-facebook.

(7) 学生を中心としたデモの要求によって、準備されていた刑法改正案などの審議が停止された。ただしKPK法改正案は国会を通過した後だった。この攻防については第1章を参照。学生らは大統領令でKPK法改正を覆すことを求め、大統領はこれに応じることを示唆した。しかし、2020年1月末現在まで実現していない。

(8) 選挙民主主義の基準は以下を参照した。川中豪「民主主義と権威主義」川中豪・川村晃一編『教養としての東南アジア現代史』ミネルヴァ書房、2020年、pp. 89-108。タイは、軍事政権が圧倒的に有利なものではあるが、2019年に総選挙を実施したことで、選挙民主主義の状況は大きく改善した。

(9) Freedom House, *ibid*.

第1章

インドネシア・ジョコウィ政権にみる
情動エンジニアリングの政治

本名　純

1.　はじめに

　ソーシャルメディアの普及は、政治のあり方を大きく変えている。中東で
「アラブの春」と呼ばれる一連の民主化運動が盛り上がった約10年前、ソー
シャルメディアは国家の抑圧政治から自由を求める人々の希望のツールとなっ
た。世界各地の人々が、ソーシャルメディアを通じて連帯感を高めるという、
新しい時代の民主主義を予感させた。それから10年。予感は別のものに変貌
していった。人工知能（AI）やアルゴリズムが急速に発展し、国家や政権の権
力エリートがソーシャルメディアで組織的にプロパガンダを扇動する時代が到
来している。いまでは、ソーシャルメディアは権力者の世論操作の兵器として
理解されるようになった[1]。

　その実態はどのようなものか。オックスフォード大学インターネット研
究所のプロジェクトで、各国の政権によるソーシャルメディアを通じたプ
ロパガンダ流布の実態を分析する「グローバルな虚偽情報体制（The Global
Disinformation Order）」という報告書がある[2]。2017年に23カ国でその実態が確
認されたが、2019年には70カ国にのぼった。その増加率は150％であり、いか
に世界各地でフェイクニュースや虚偽情報が政治のツールとして急速に定着し
つつあるかがうかがえる。

　インドネシアの政権もその例外ではない。その実態を分析するのが本章の目
的である。本論に入る前に、まず前提となる同国のソーシャルメディアの状況
を確認しておこう。最も影響力のあるソーシャルメディアはフェイスブック

とツイッターであるが、とりわけフェイスブックは利用者数が飛び抜けて多い。2010年に約2600万人だったユーザー数は、2014年には5000万人を超え、2018年には約1億3000万人となった。総人口の4割を超えており、世界第4位のフェイスブック大国として知られる。これはスマートフォン（以下、スマホ）普及率の拡大と密接に関係している。いまでは人口の47％がスマホ利用者だといわれる。その背景には、100万ルピア（約7700円）程度で購入可能な格安中華スマホの普及がある。2014年頃から、ゴジェック（Go-Jek）などのバイクタクシーの配車や宅配サービスが大ブームになっているが、ドライバーとお客のやりとりをすべてスマホで行うこのビジネスを支えているのも格安スマホの普及である。

　では、スマホはどういう社会層に広がっているのか。中間層は、数でいえば約5000万人。人口の20％程度である。富裕層は一握りなので、47％のスマホ普及率というのは、低所得層への急速な浸透を示している。ちなみに、俗にいう貧困層というのは人口の10％程度だが、1日2ドル以下で生活する「準貧困層」と一緒にすると約40％になる。この低所得層に格安スマホが急速に広まっているのである。

　彼らのスマホでの情報アクセスには特徴がある。高速でデータ量も多い回線は高額なので、低速でデータ量が限定される安価なプランを使う。都会でなければ4Gなど論外で、2Gや3Gでのアクセスになる。その環境で使うスマホでは、フェイスブックやツイッター、そしてワッツアップが支配的である。とくにフェイスブックは情報収集に欠かせない。彼らにとっては、フェイスブックこそがインターネットであり、スマホでフェイスブックを見る以前に、ネットなど使ったことがない人が大勢いる。

　こういう人たちのデジタルリテラシーは高くない。フェイスブックなどは、ユーザーがクリックした情報をアルゴリズムで解析し、特定の情報ばかり集めてくる。いわゆるフィルターバブルとかエコー・チェンバー現象*に陥りやすい。多角的な情報アクセスは大事だが、主要メディアの動画などはデータ量も大きく、パケット料の増加になるので利用は無理である。その結果、偏向した情報ばかりを受け取り、噂やフェイクニュースへの抵抗が薄れていく。

　このサイバー空間に、権力エリートが政治的な利用価値を発見している。彼

らは、サイバー部隊を組織して、ソーシャルメディアを世論操縦の武器にするようになった。それは多様な局面で効果を発揮しているが、共通するのが市民の嫌悪感や不安や恐怖心を煽る情報とストーリーを大規模に繰り返し発信する手法である。そういう情報は、人々の脳の情動反応を直接刺激するものであり、徐々に理性は麻痺し、むき出しの感情に沿った保身の心理と排除の世論ができあがる[3]。こういう効果を期待するのが、情動エンジニアリングの政治手法だといえよう。

　本章では、権力エリートによるソーシャルメディアを通じた世論扇動が、どのような政治局面で効果を発揮してきたのかをみていきたい。とりわけ、2014年以降のジョコ・ウィドド（以下、通称のジョコウィ）大統領の時代に焦点を当てる。ジョコウィは、それまで国政での経験がなく、2012年に首都ジャカルタの州知事となる前は、中ジャワ州のソロ市長であった。2005年に市長になる前は町の家具屋だった。つまり、これまでの大統領候補と違って、政党の党首でも軍人でも宗教リーダーもない「普通の人」である。この「非エリート」としての「庶民性」を選挙の売りにし、「ジョコウィ現象」が発生した[4]。その彼が大接戦の大統領選挙の土壇場で頼ったのは、所属政党である闘争民主党による票動員ではなく、一般ボランティアであり、彼らがソーシャルメディアで呼びかけた「庶民派大統領」の実現というキャンペーンだった[5]。その背景があり、ジョコウィ政権の誕生は、古い政党政治による権力運営ではなく、ソーシャルメディアとボランティアという新しい政治運動が民主主義を引っ張っていくという、市民社会の期待とマッチしていた。

　しかし、政治とソーシャルメディアの関係は、ジョコウィ政権下で大きく変容した。その背景には、上述のようにフェイスブック・ユーザーが、2014年からの4年間で倍増している実態がある。このトレンドに政治的な利用価値を発見したのが、政権の権力エリートたちであり、彼らが各々個別の思惑を持

＊　フィルターバブルとは、インターネットの検索サイトが持つアルゴリズムによって、ユーザーが好む情報しか入ってこなくなることで、思想的に社会から孤立していく現象を示す。エコー・チャンバーとは、ソーシャルメディアにおいて価値観の似たもの同士が交流して共感し合うことで、特定の意見や思想が増幅されて影響力を高める現象のこと。

ち、ソーシャルメディアを世論操縦の武器にするようになったのである。その事例はいくつもあるが、本章では、ジョコウィ政権の発足から2019年の大統領選挙前後までの政治過程で、民主主義の脆弱化が強く懸念される3つのケースを考察したい。すなわち、犯罪、選挙、汚職である。まず犯罪に関して、政権発足直後に始まった「麻薬戦争」をみていく。警察や国家麻薬庁（Badan Narkotika Nasional: BNN）が主導したこの麻薬戦争の正当化に、ソーシャルメディアが大きく貢献した。第二に、2019年の大統領選挙での対抗馬プラボウォに対するネガティブ・キャンペーンであり、これはジョコウィの選挙対策陣営が主導した。第三に、2019年選挙後の国会による汚職撲滅委員会に関する法改正をめぐる政治対立で、与党幹部は、法改正に反対する学生デモや市民社会組織を分断するためにソーシャルメディアを駆使している。

　これら3つの政治局面を観察すると、世論操縦の手法に関して共通性が浮き彫りになってくる。その共通性とは、「不安と救済」のナラティブ（語り）をパッケージにしたプロパガンダの存在である。だだし、それは権力エリートが結託して、市民社会による監視を骨抜きにし、利権を維持するためにソーシャルメディアを利用するという単純な話ではない。権力エリートによる世論操縦の動機は多岐にわたっており、そこには共通の利権や目的があるわけではない。その多様な実態を示すことも本章の目的である。

2.　ガバナンスとしての戦争

　ではジョコウィ政権下の麻薬戦争をみていこう。インドネシアでは、以前から麻薬問題の深刻化が懸念されてきた。2011年の段階で、国際社会はメタンフェタミンなどの合成麻薬の密貿易において、インドネシアが単なる中継地から主要な生産国に転換しつつあると警告していた[6]。地域機構の東南アジア諸国連合（ASEAN）も、麻薬撲滅を東南アジア全体の課題として取り組んでおり、2015年を到達目標としたキャンペーン（ASEAN Drug-Free 2015）を掲げていた。ジョコウィ政権が誕生した2014年、治安機関は、このASEANの目標に遠く及ばない現実に焦り、検挙数を上げて手早く実績アピールをする動機に駆られた。それを断行するには世論の支持が重要である。麻薬の脅威を市民に

図1.　ソーシャルメディアに広がったBNNの統計
「BNN、75%の麻薬中毒者は学生」

出所：Metroterkini.com（2020年1月19日アクセス）

訴え、戦争こそが撲滅の正当な手段であるという世論をつくっていく、そのためのソーシャルメディア戦略を展開していった。

　脅威認識の浸透には、3段階のアナウンスメント効果が確認できる。第一弾は、2014年10月のBNNの報道だった。BNNは、麻薬中毒者の数が急増しており非常事態に近いと発表した。2014年に450万人に達した中毒者数の75%が若年層だとし、翌年には500万人に到達するであろうと警報を鳴らした。さらに、麻薬使用者は年間に1万8000人も死亡しており、日に換算すると毎日50人が麻薬で死んでいるとアピールした。この「75%が若者」「毎日50人が麻薬で死んでいる」というメッセージは、大きな衝撃となった。インドネシアの次世代を担う若者が脅威に晒されており、死者数はテロ被害者の比ではなく、ただちに断固とした措置をとるべきだ。そういう世論を扇動する発表である。これを受けて、同年12月にジョコウィは麻薬に対する非常事態宣言を出し、追って翌年2月には「麻薬戦争」を宣言した。こういうBNNの衝撃的な報道発表は、主要メディアが取り上げ、そのネットニュースをソーシャルメディアが

取り上げるというパターンと、BNNのソーシャルメディア・アカウント（フェイスブックとツイッター）から直接発信されるパターンがあり、いずれも情報がシェアされ、リツイートされていくなかで、脅威認識が拡散されていった。

　衝撃の第二弾は、2016年1月に来た。BNN長官ブディ・ワセソの発表である。彼は国家警察刑事局長からBNN長官に抜擢された人物である。刑事局長時代から豪腕で知られ、大物マフィアの海洋密輸ビジネスを取り締まったことで有名になった。しかし、権力エリートも関与する闇ビジネスに切り込むワセソは組織内で煙たがれ、「昇進」という名目でBNNへの異動を命じられた。その背景もあり、ワセソは新ポストでさらに豪腕ぶりを見せつけるようになる。その彼が記者会見を行い、2015年の薬物中毒者数が2014年の予測を大きく上回る590万人に達し、インドネシアが東南アジア最大の麻薬市場になったと脅威をアピールした。この発表に追い打ちをかけるように、同年6月にはBNNジャカルタ特別州支部もショッキングなデータを公表した。それは、ジャカルタ市民の7％が薬物使用者であり、その数は50万人に達しているという情報だった。この2つの数字、すなわち全国で590万人、ジャカルタで50万人という麻薬常習者の統計は、主要メディアがセンセーショナルに取り上げ、ソーシャルメディアに浸透していった。

　そして第三の衝撃は2017年2月に到来した。BNNがインドネシア大学と共同で行ったサーベイ結果を公表し、ジャカルタの麻薬常習者50万人の2割が大学生だと発表した。大学生が多いという驚きは、若者を薬物の脅威から守らなければならないという「よき市民」の道徳観を揺さぶり、麻薬に対する嫌悪感と脅威を煽るのに大いに貢献した。

　このような脅威認識のエスカレーションと並行的に、「憎むべき敵」のイメージづくりも進んだ。BNNは2017年5月には「ゾンビ化ドラッグ」として欧米で知られる合成麻薬のフラッカが、ついにインドネシアに上陸したと発表した。以後、「麻薬常習者は危険なジャンキー」という悪魔化言説が普及していった。同年7月には72の国際麻薬組織がインドネシアで暗躍していると発表し、とくに2016年に大統領に就任したフィリピンのドゥテルテが麻薬組織の掃討作戦を進めていることから、フィリピンの密売組織がインドネシアに流れてきていると説明した。これによって、「麻薬は外敵、それと戦う政府」とい

図2.　ソーシャルメディアに流されるBNNのキャンペーン
出所：suarapemedkalbar.com（2020年1月19日アクセス）

図3.　フラッカ＝ゾンビをアピールするBNN
「トゥルンガグン県のBNNと税関総局はフラッカ流入を予期」
出所：Antaranews.com（2020年1月19日アクセス）

う構図が強調され、外敵から国を守るというナショナリズムの錦の御旗が掲げられた。

　その結果、乱暴な発言も、ナショナリズムの反映として、また憎き麻薬に立ち向かう姿勢として、社会に許容される下地ができ、ワセソBNN長官の過激発言もエスカレートしていく。彼はフィリピンの例を持ち出し、ドゥテルテばりの麻薬戦争をやる必要があると煽った（第3章を参照）。また「国軍も麻薬戦

争に参加するべきだ。軍が1980年代に手掛けた『超法規的処刑』を復活させるとよい」とも言い放った[7]。ジャカルタ州警本部長も、捜査過程での発砲に言及し、「売人たちは罪を悔やみ神様に謝罪したいはずだ。彼らを神様のところに送ってあげるのが警察の仕事である」と、路上での射殺を積極的に肯定した。人権団体はもちろん批判声明を出すものの、「ジャンキー（麻薬常習者）の人権を擁護するなど論外だ」と世論の風当たりが強く、賛同者はあまり増えなかった[8]。

　以上のように、ジョコウィ政権の発足以来、麻薬戦争のキャンペーンが加速的に進められてきた。とくに「ジャンキーは社会の悪」「国際麻薬犯罪の脅威」というレトリックが強化されることで、「悪魔退治」とナショナリズムによって正当化された人権無視の弾圧政策がまかり通る傾向が強まっている。

　その効果は、実際に世論調査に顕著にみられた。国内の有力紙コンパスが2017年8月に行った調査では、回答者の約9割が麻薬を脅威と認識し、7割が警察の麻薬対策を高く評価しているとの結果が出た。コンパスは都市中間層の声が反映される新聞であり、この世論調査からも、BNNの麻薬戦争が中間層の強い支持を得てきたことが理解できよう。

　その支持獲得のカギは何か。それは、統計のインパクト、麻薬中毒者の印象操作、そして世直しナショナリズムの効用である。とくに統計には人々の心理を操る効果があるが、年間1万8000人あるいは1日50人の死者という数字は、社会に強烈なショックを与え、その結果、麻薬絡みの話を犯罪撲滅としか考えない思考停止に導いてきた。こういう世論形成に大きく貢献してきたのがソーシャルメディアである。

　このようなBNNと警察による麻薬戦争キャンペーンは、どのような「成果」をもたらしたのか。BNNは、まず逮捕者の増加を大きな成果だとアピールしてきた。ジョコウィ政権になって麻薬関係の逮捕者数は毎年約9％増加しており、2017年は過去最高の5万8000人を記録した。

　逮捕者だけでなく、容疑者射殺の件数も急増している。2016年の件数は18人だが、2017年は「発砲奨励」があり79人に膨れ上がった。アムネスティ・インターナショナルをはじめとする人権擁護団体は、この超法規的射殺を強く批判している。しかしワセソ長官も「取り締まり現場で容疑者が逃げてくれれ

ば、もっと射殺できるので、ぜひ逃げてみてほしい」と言い放った。これは麻薬法の規定で、密売現場から逃げようとする売人に対して最終手段として拳銃を使用することを認めていることから、射殺しても正当な対応だと拡大解釈する発言である。

　また、死刑の執行も麻薬戦争の成果としてアピールしてきた。2010年から2014年まで、麻薬関連受刑者の死刑執行はない。それがジョコウィ政権になってからは、2015年に14人、2016年は4人に死刑が執行された。2017年には55人、2018年には39人の死刑が宣告されている。死刑が執行されたのはほとんどが外国人であり、「麻薬は外敵」とのキャンペーンと一貫している。そのため、国際的には批判を浴びたものの、国内では賛成の声が8割を超えた[9]。BNNは、死刑による抑止効果で、麻薬ビジネスのリスクは高まり、市場は縮小すると主張している。

　これらの「成果」は、先の世論調査でみたように、高い支持を得ており、それが「麻薬との戦い」を継続する正当性の根拠となっている。世論は政府のプロパガンダに大きく影響を受けており、捜査当局による不法な逮捕や路上射殺などが横行するものの、理性的にその人権侵害を非難するより、麻薬に対する情動的な恐怖と嫌悪感が先行し、弾圧的な懲罰政策を是とするようになっている。権威主義体制のスハルト政権時代（1966〜98年）であれば、治安当局は問答無用で犯罪対策をやってきた。人権への配慮は最小限だった。しかし民主主義の現在では、世論を最大限に配慮しないと政権評価も下がり、治安機関の幹部も左遷となる。そこで、世論操作のための最強のツールとしてソーシャルメディアが利用されているのである。BNNと警察の麻薬戦争は、こうした新しい時代の「犯罪ガバナンス」を象徴するものであろう。

3. 2019年大統領選挙にみる「プラボウォ脅威」のプロパガンダ

　選挙キャンペーンにソーシャルメディアが使われること自体は、目新しいことではない。インドネシアにおいても、上述のように、2014年の大統領選挙でジョコウィ勝利のカギとなったのが、ソーシャルメディアを通じた彼のイメージ戦略であった。「庶民感覚」でさまざまな行政改革を実行するジャカル

夕州知事のジョコウィによって、インドネシアの新しい時代がつくられるというメッセージが、ボランティア組織を通じてソーシャルメディアに拡散された。

　しかし、それから5年後の2019年の大統領選挙では、ボランティアではなく、プロのIT専門家によるサイバー部隊が暗躍した。この新しい展開は、選挙政治を大きく変容しようとしている。伝統的なインドネシアの選挙運動といえば、大規模な集会を企画し、サポーターを動員し、お祭りのように歌手とダンサーが企画を盛り上げるという演出が一般的であった。こういうイベントは資金もかかるし、高揚感はあるものの、実際にどれだけの得票につながるのかが読めないという難点が常にあった。そういう伝統的な選挙運動とは違って、2019年の大統領選挙の選挙対策チームは、サイバー部隊を組織し、ソーシャルメディアを主戦場としたプロパガンダの拡散に重点を置いた[10]。全容解明は困難だが、たとえば、ITコンサルタント会社のスタッフを動員し、一人が250ものフェイクアカウントをコントロールし、フェイスブックやツイッターにオートメーション（自動制御）でプロパガンダを流し続けるという工作が報告されている[11]。ジョコウィ陣営の幹部によると、陣営のサイバー部隊は、3つのチームで編成されていた。すなわち、ソーシャルメディアのコンテンツ解析チーム、情報発信チーム、情報回路分析チームの3つで、情報発信チームは対抗馬を攻撃するネタを大量に拡散した。このチームはクラウドチーム（Tim Awan）とも呼ばれ、約7万のソーシャルメディア・アカウントを保有し、対抗勢力が発信する偽情報やフェイクニュースにカウンターする情報を発信した[12]。

　彼らは、ターゲット層ごとに効果のある情報をソーシャルメディアで拡散し、クリックやシェアの足跡を収集してネットワークのマッピングと拡散効果を分析した。効果が確認できると、ソーシャルメディア発信のエンジンにアルゴリズムをプログラミングして、同類のネタをオートメーションでターゲットに流し続けた。「大事なのは、ただばら撒くのではなく、情報を届けるターゲットのコミュニティをしっかり定め、ピンポイントに届けることだ」と大統領の政治アドバイザーは指摘する[13]。

　では実際に、どのようなプロパガンダが発信されてきたのか。最も効果的だったのが「プラボウォ脅威論」である。具体的には、プラボウォが勝ったら

図4．プラボウォとカリフ国家やHTIやISISをつなげる言説
出所：redaksiindonesia.com（2020年1月19日アクセス）

図5．カリフ制はイスラームの教えではないとし、HTIの危険性を煽る宣伝
出所：redaksiindonesia.com（2020年1月19日アクセス）

危険だというメッセージであり、とりわけ「イスラーム過激主義」が勢力を伸ばし、宗教的多様性は脅かされ、マイノリティは迫害され、民主主義も危機に瀕する、というストーリーの拡散である。いちばん効果があったのが、プラボウォの背後にはカリフ制の樹立を唱える解放党（Hizbut Tahrir Indonesia: HTI）がいるという話である。HTIは国家原則に反するという理由で2017年に強制解散となった非合法団体である。HTIはいわゆるイスラーム国（IS）と同じカリフ制樹立の主張をしているとし、こういう勢力がプラボウォの背後にいて国を乗っ取ろうとしているという陰謀説を、ジョコウィ陣営のサイバー部隊は盛

図6.「NU・ジョコウィ」対「HTI・プラボウォ」
という構図を印象づけるメッセージ
出所：NU知識人グントゥル・ロムリのフェイスブックから
（2020年1月19日アクセス）

んに流布した（第2章も参照）。

　当然、この種の不安を煽るプロパガンダは、キリスト教徒やヒンドゥー教徒などの非ムスリムや宗教の共存を唱える国内最大のイスラーム組織ナフダトゥル・ウラマー（NU）のメンバーに効果的であり、彼らはジョコウィ支持に傾いていった。とくにバリ州やパプア州といった非ムスリム人口が多い地域や、NUの拠点である中ジャワ州や東ジャワ州では、この脅威論のインパクトは大きかった。ジョコウィはNU総裁のマアルフ・アミンを副大統領候補に迎えて、NUの全面的な協力を得た。NUは以前からHTIの脅威を認識しており、今回のジョコウィ陣営のキャンペーンは、うまくNUエリートの利益とシンクロすることとなった。陣営のプロパガンダは、積極的にHTI脅威論とプラボウォが大統領になることの危険性をリンクさせた。「NU系モスクでは浄化運動（Aksi Bersih-Bersih Masjid: BBM）が行われ、危険思想の一掃とジョコウィ支持の理由が有権者に伝わっている」と与党幹部はキャンペーンを説明する[14]。

　その効果がどこまであったのか。正確に把握するのは難しい。しかし、NUの支持がなければジョコウィの選挙対策陣営は、中ジャワ州と東ジャワ州で反

プラボウォ・キャンペーンを成功させることは難しかったであろう。最終的に2019年4月9日の大統領選挙では、この2州におけるジョコウィの得票が2014年に比べて大幅に増えた。中ジャワ州では2014年に得票率66％であったものの、2019年には78％となった。東ジャワ州でも2014年選挙では得票率53％であったが、2019年は69％を獲得した。この両州における10％以上の増分は、票数にすると約600万票になる。この増分は「NU効果」の表れであり、最終的にジョコウィの勝利に大きく貢献した[15]。

　いずれにせよ、2019年の大統領選挙で特徴的だったのは「サイバー戦」の深化である。それは、ビックデータやAIによる機械学習といった2016年のアメリカ大統領選挙で始まった選挙ツールが、インドネシアでも利用され始めたことに起因する[16]。サイバー部隊が手掛けたキャンペーンは、ソーシャルメディアのユーザーの情動に深く作用するメッセージを刷り込んで、投票行動を誘導するものだった[17]。もちろんプラボウォがカリフ制を導入するなどというのはフェイクニュースである。しかし、このフェイクは大量に反復的に伝達されるなかで、真実との境目がぼやけてくる。そうさせるのが感情の力である。不気味だという嫌悪、許せないという怒り、いつか自分がマイノリティになるという不安と恐怖は情動反応であり、そこに直接訴えかける虚偽情報や陰謀論が、選挙政治の武器として動員された。こうなると、もはや選挙には、人柄やイデオロギーやビジョンや政策といった「見えるもの」から合理的に判断して投票行動を決めるという、これまでの常識が通用しなくなる。情動が政治選好や投票行動を決定づけるようになると、意見の相違が相互不信となり、その亀裂が寛容な社会を蝕み、結果的に民主政治の空間を圧迫することにつながっていく可能性がある。ソーシャルメディアやAI、アルゴリズム、オートメーションを使った選挙テクノロジーの発展は、そういう政治変容をインドネシアにもたらそうとしている。

4.「民主化改革」の骨抜きに向けて

　情動エンジニアリングの政治は、2019年大統領選挙の終了後も効果を発揮している。その代表が、国会の与党連合のエリートによる世論操縦であり、

ターゲットは汚職撲滅委員会（Komisi Pemberantasan Korupsi: KPK）である。

2019年総選挙で国会議席数を増やして強化された与党連合のエリートたちは、この機会に乗じて「民主化20年」の肝である汚職撲滅運動を骨抜きにしようとしている。KPKは2002年に設立された政府の独立機関で、汚職捜査の大きな権限を与えられ、これまで大量の国会議員、地方議員、中央・地方官僚を検挙してきた。設立時からの実績をみると、2018年までに政権与党の闘争民主党に所属する地方首長を26人、第二党のゴルカル党の地方首長を37人収賄で検挙している。2018年だけみても、地方首長が22人逮捕されており、彼らの所属政党は、やはり闘争民主党出身が9人、ゴルカル党が5人と飛び抜けて多い。

首長にかぎらず、議員にもKPKが目を光らせてきた。2017年には国会議長でゴルカル党党首のセティヤ・ノバントを巨額汚職事件で逮捕し、世間を賑わせた。2018年には国会と地方議員を合わせて61人検挙しており、この数は前年の20人と比べて顕著に多い。なかでも北スマトラ州議会では、全100人の州議員のうち38人が収賄容疑となり、また東ジャワ州マラン市では全45人の市議会議員のうち41人が容疑者に指定されて話題となった。

このように、2017年と2018年は与党議員にとってKPKのプレゼンスが目立った年であり、同時に政治家の利権活動にとってKPKは障害でしかないという認識も広がっていった。KPKが誕生したとき、政党エリートの多くは、汚職撲滅こそがポスト・スハルト時代のレフォルマシ（民主化改革）の重要課題だというコンセンサスを持っていた。しかし20年がたち、改革へのコミットメントはすっかり薄れてしまった。この与党連合エリートによる新たなコンセンサスの結晶が、2019年9月の国会で可決されたKPK法改正案である。この法改正は、KPKの捜査手段を制限し、指揮権と独立性を弱めた。KPKの権限弱体化であり、明らかに民主主義の後退といえよう。

この国会の決定に対して、市民社会は大いに反発した。ジャカルタを中心に、全国各地で学生を主力とする抗議デモが97回も発生し、治安部隊との衝突で5人の死者と250人以上の負傷者を出した。この規模の学生デモは、1998年のスハルトを退陣に追い込んだ民主化デモ以来最大規模であり、レフォルマシの力は健在であることを国内外に示した。世論調査でも、法改正はKPKを

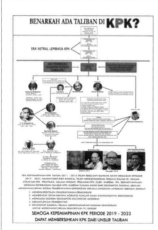 

図7. KPK内部の「過激主義」人脈を説明するメッセージ（左）と
タリバンからKPKを救えというメッセージ
出所：（左）zonadamai.com、（右）SantriNews.com
（いずれも2020年1月19日アクセス）

弱体化するものであり、学生デモを支持するという声が多数となった。

　その市民社会の声を分断する戦略として動員されたのが、「KPKはタリバン的な過激主義勢力が操っている」というプロパガンダの拡散である。その内容は、KPKの内部には「イスラーム過激主義」の思想を持つ幹部が多く、彼らはアフガニスタンのようにインドネシアをタリバン化しようとしている、というものである。そして、法改正はKPKを彼らの手から取り戻し「浄化」するための必要措置であると訴える。浄化という言葉のニュアンスは重要であり、「イスラーム過激主義」の勢力によって汚染されたKPKを、浄化してクリーンな組織に戻すための「正義」であるとの文脈で語られるのである。

　このサイバー部隊のプロパガンダについて、ソーシャルメディア分析の専門家は、世論を分断するのに非常に効果的なやり方であると指摘する[18]。このプロパガンダは、上述の大統領選挙でジョコウィ支持を固めた宗教的マイノリティやNUのメンバーに訴えるものとなった。その効果により、NUの各支部からKPKの浄化を支持する声が上がり、NU議長も法改正は必要だと主張す

るに至った。この分断のプロパガンダは学生デモにも影響し、NU系の学生団体もKPK法の改正が必要であるとし、国会に対する抗議デモへの参加に消極的になっていった。

5. おわりに

　本章では、インドネシアの政治のさまざまな局面で、ソーシャルメディアを使った虚偽情報が、権力エリートの世論操作兵器となりつつある実態を浮き彫りにした。3つの事例を通じて、そこに共通の手法が存在することを明らかにした。それは、全国で拡大するソーシャルメディア・ユーザーをターゲットに、恐怖や不安や嫌悪といった情動に直接響くプロパガンダを放射し、理性ではなく本能による反応を引き出し、特定世論を扇動するエンジニアリングである。

　麻薬対策であれば、BNNを中心とした治安機関が中心となって、薬物依存者をゾンビのように怖い存在として排除の対象とし、次世代を救済するという名目のもと、超法規的な射殺という人権侵害を正当化するプロパガンダを流布した。大統領選挙においては、ジョコウィ陣営の選挙対策担当が、プラボウォをカリフ制導入の不安とシンクロさせ、インドネシア共和国を守るためにジョコウィを支持するという世論形成に導いていった。そして、国会の与党連合エリートによるKPKの弱体化という目的に基づいて行われた、サイバー部隊を使ったKPKタリバン説の普及と浄化運動の呼びかけは、過激なイスラーム勢力に対する危機を煽るという共通点がある。彼らが唱える「KPKの救済」は、抗議デモの学生たちが主張する本来の「KPKの救済」とは正反対の意味を持ち、この2つの異なる大義名分の衝突で、市民社会勢力は分断された。

　こうしてみると、「不安」と「救済」のパッケージが、3つのプロパガンダの中核にあることが理解できよう。おそらく、このモジュールは今後も権力エリートの世論操作の効果的な武器として、他のイシューにも転用されていくと思われる。選挙民主主義の時代、世論の支持こそが政治的正統性の要となる。その世論はどうつくられるのか。本章でみたのは、ソーシャルメディアを通じて誘導されてつくられた感情的で敵対的で排他的な世論である。こうした世論

を政治的正統性の柱として使う時代になりつつあるインドネシアの権力エリートは、自ら民主政治の形骸化に足を踏み入れようとしている。

　もちろん、このような展開はインドネシアに限ったことではない。民主主義国でも権威主義国でも、国家の権力エリートによって、アルゴリズムとオートメーションを駆使したプロパガンダがソーシャルメディアに拡散され、社会の分極化が煽られるケースが顕著にみられる[19]。インドネシアも、そういうグローバルなトレンドの一例にすぎない。しかし、この国の文脈において特徴的なのは、「ジョコウィ・パラドックス」ともいえる力学であろう。それは、ジョコウィ政権の誕生と持続をそれぞれ可能にしてきたソーシャルメディアの「光」と「影」であり、光のおかげで誕生した政権が影を駆使して持続する姿である。このパラドックスは、いまだけの特異現象なのか、それともポスト・ジョコウィ時代においても引き継がれるものなのか。おそらく後者であろう。選挙においても、政策実施においても、世論を組織的に扇動することがソーシャルメディアの普及で容易になっており、それを発見した権力エリートは、今後もあらゆる局面で、その政治テクノロジーを駆使するであろう。その意味で、我々はインドネシアの政治史における一つの転換期に直面しているともいえる。それが「ジョコウィ時代」の位置づけとして、のちに理解されていくのかもしれない。

注記

（1）P. W. Singer and Emerson T. Brooking, *Like War: the Weaponization of Social Media*, New York: Houghton Mifflin Harcourt, 2018, p. 87.

（2）2019年の報告書は以下のサイトから入手可能。https://comprop.oii.ox.ac.uk/wp-content/uploads/sites/93/2019/09/CyberTroop-Report19.pdf.

（3）詳しくは以下を参照。Ingrid J. Haas, "Political Neuroscience," in John R. Absher and Jasmin Cloutier, ed., *Neuroimaging Personality, Social Cognition, and Character*, MA: Academic Press, 2016, pp. 355-370.

（4）当時の選挙政治の詳細については、本名純「第4章　ジョコ・ウィドド政権の誕生——選挙政治と権力再編」川村晃一編『新興民主主義大国インドネシア——ユドヨノ政権の10年とジョコウィ大統領の誕生』アジア経済研究所、2015年を参照。ジョコウィ現象とソーシャルメディアについては、Ross Tapsell, "Indonesia's Media Oligarchy and the 'Jokowi

Phenomenon,'" *Indonesia*, No. 99 (April 2015), pp. 29-50を参照。

（5）詳しくは、見市建『新興大国インドネシアの宗教市場と政治』NTT出版、2014年、pp. 186-187を参照。

（6）たとえば、UNODC, "Amphetamines and Ecstasy: 2011 Global ATS Assessment," 2011, p. 32 を参照。メタンフェタミンの代表例にエクスタシーと呼ばれる合成麻薬があり、インドネシアではブームになっている。

（7）詳しくは、本名純「東南アジアにおける麻薬との戦い──ジャカルタの現場から」Synodos、2018年9月7日。https://synodos.jp/international/21904.

（8）エド・アグスティアン（インドネシア薬物犠牲者ネットワーク全国コーディネーター）へのインタビュー（2018年3月6日）。

（9）"Survei: 84 Persen Publik Mendukung Jokowi Eksekusi Mati Pengedar Narkoba," *detiknews. com*, 9 October 2015.

（10）内閣官房メディア担当官へのインタビュー（2019年3月8日）。

（11）"In Indonesia, Facebook and Twitter are 'buzzer' battlegrounds as elections loom," *Reuters*, 13 March 2019. また、Freedom Houseのレポート "The Freedom on the Net 2019: The Crisis of Social Media" のインドネシアのセクションも参照。

（12）ジョコウィ陣営裏選対幹部へのインタビュー（2019年4月17日）。

（13）内閣官房大統領政治顧問へのインタビュー（2019年3月6日）。

（14）闘争民主党幹部へのインタビュー（2019年3月5日）。

（15）この「NU効果」については、Naila Shofia and Tom Pepinsky, "Measuing the 'NU effect' in Indonesia's election," *New Mandala*, 1 July 2019の統計分析を参照。

（16）岡本正明「ポスト・トゥルース時代の政治の始まり──ビッグデータ、そしてAI」IDE スクエア、IDE-JETRO、2019年7月。https://www.ide.go.jp/Japanese/IDEsquare/Eyes/2019/ ISQ201920_018.html.

（17）詳しくは、本名純「兵器化される情動反応──2019年大統領選挙にみる選挙テクノロジーの影」Synodos、2019年6月6日。https://synodos.jp/international/22738.

（18）Drone Emprit, "Cyber Troops and Computational Propaganda against KPK: Strategies, Tools, and Techniques Used for Social Media Manipulation," 18 September 2019.

（19）ロシア、アメリカ、中国、ブラジルなど9カ国の事例を扱った研究として、Samuel C. Woolley and Philip N. Howard eds., *Computational Propaganda: Political Parties, Politicians, and Political Manipulation on Social Media*, New York: Oxford University Press, 2019を参照。

第2章

2019年インドネシア大統領選挙における
オンライン・イスラーム説教師の台頭

茅根由佳

1. はじめに――2019年大統領選挙におけるイスラーム主義勢力の台頭

インドネシアは世界最大のムスリム（イスラーム教徒）人口を抱える民主主義国である。キリスト教（カトリックおよびプロテスタント）、ヒンドゥー教、仏教、儒教の信徒は合わせて1割程度だが、イスラームと同じく公認宗教である。

1960年代から1998年まで30年以上続いた権威主義体制は、多宗教を対等に扱うパンチャシラ建国5原則を旗印とし、これに従わない勢力を国家の敵とみなした。その典型はイスラーム主義勢力である。インドネシアのイスラーム主義勢力は、「多数派のムスリム」の利益代弁を標榜し、イスラーム法（シャリーア）に基づく法秩序を確立しようとしてきた。権威主義体制下において、イスラーム主義の政治家や活動家たちは、政治的自由を奪われたが、教育や布教活動を通して勢力を維持した。

しかし1998年にスハルトの権威主義体制が崩壊すると、次第にイスラーム主義勢力が強い影響力を持つアクターとして台頭するようになった。彼らは、中央・地方の行政機関や司法機関のエリートに積極的にロビー活動を行った。たとえば、2005年以降、地方での直接選挙導入に乗じて再選を狙う政治家に対して、飲酒やギャンブルの禁止、（とくに女性の）服装の規制などを求めてきた。その結果、「シャリーア法令」と呼ばれる規則が全国で400以上制定されている[1]。また、ほぼ同時期から一部のイスラーム主義組織が、敬虔なムスリムの信仰を脅かす危険性を持つとして、宗教的少数派（キリスト教徒やイスラームの少数派〈アフマディヤ、シーア派〉など）の排斥運動を各地で展開するように

なった。なかには暴行や殺人に発展するケースもあるものの、彼らが罰せられることは稀である。宗教的正統性をまとってイスラームへの冒瀆を訴えれば、司法府や行政府のエリートの後ろ盾を得ることができるからだ。

　2014年10月に発足したジョコ・ウィドド（通称、ジョコウィ）政権は、こうしたイスラーム主義の台頭に歯止めをかけようとした。イスラーム主義勢力は2014年大統領選挙で対立候補プラボウォ・スビアントの支持基盤であったことに加え、これまでイスラーム主義の影響力拡大を懸念してきた人権活動家や知識人が政権に多く参入したためである。

　これに対して、イスラーム主義勢力はジョコウィ政権に徹底した敵対姿勢を打ち出し、影響力行使の方法を大衆動員に切り替えた。彼らが国政を揺るがすレベルの大衆動員に成功した最初のケースは、2017年の選挙で再選を目指していたジョコウィの政友、バスキ・チャハヤ・プルナマ（通称、アホック）ジャカルタ州知事をターゲットにした抗議デモであった。事の発端は、2016年9月末にアホック州知事によるイスラームへの「宗教冒瀆」とされる次の発言だった。

　　　みなさんは心のなかで私のことを（選挙で）選べないかもしれません。（クルアーン）食卓章51節を使ったいろいろ（なキャンペーン）に騙されて。それもみなさんの権利です。みなさんが選べない、地獄に落ちると騙されているから。それも仕方がない。[2] 　　　　　　　　※（　）は引用者による補足

　華人キリスト教徒のアホックのこの発言には巧みな改変が加えられてソーシャルメディアで拡散され、クルアーン（コーラン）つまりはイスラームへの冒瀆と喧伝された。そして、イスラーム主義の指導者たちが全国から数十万人を動員するデモ（イスラーム防衛行動）を展開した。州知事選挙では、彼らは「ムスリムの政治指導者」擁立を掲げ、アホックの対立候補でアラブ系のアニス・バスウェダンを支持した。大規模なデモが毎月繰り返された結果、2017年4月に行われた州知事選挙の決選投票でアホックは敗北したうえ、宗教冒瀆罪で2年の刑に処せられた。イスラーム主義指導者による動員はアホックの追い落としにとどまらなかった。州知事選終了後、彼らは2019年の大統領選挙

でジョコウィを落選させることを目標に据えて、全国で「#大統領交代」運動を展開した。ハッシュタグ（#）からわかるように、一連の動員にはソーシャルメディアが活用され、各地での動員をより大きく見せた。

　2019年大統領選挙では、イスラーム主義勢力は再びプラボウォ支持で一致し、オンライン、オフラインの動員を継続した。対するジョコウィ陣営は多宗教の共存を前提とする宗教多元主義を掲げてきたナフダトゥル・ウラマー（NU）を支持基盤に取り込み、前者を牽制しようとした。こうしたことから、今回の大統領選挙は異なる宗教観に基づくイデオロギー対立の様相を呈したのである。

　しかし、そもそもプラボウォはイスラーム主義を代表するような人物ではなかった。彼は、宗教指導者たちに気前のいい献金を行うものの、一般に敬虔なムスリムとはみなされておらず、イスラームの宗教教義にも疎い。プラボウォの母親と弟はキリスト教徒であり、彼自身もイスラーム教育を受けたことがなく、ましてやイスラーム主義指導者たちとの個人的な親交があったわけでもない。それにもかかわらず、イスラーム主義勢力はプラボウォ支持で一致団結し、全国での支持動員に貢献した。それでは、なぜ、2019年大統領選挙において、イスラーム主義はプラボウォ支持でこれほどまでに大規模な動員を行うことに成功したのだろうか。イスラーム主義の台頭は、はたしてインドネシアの民主主義にいかなる影響を与えるのだろうか。

　本章では2019年大統領選におけるイスラーム主義指導者の役割に注目することで、ムスリムの有権者たちがプラボウォを支持するようになった要因とそのプロセスについて検討していきたい。とくに、この数年にオンライン説教師として人気を急上昇させたアブドゥル・ソマド・バトゥバラの役割を分析する。これを踏まえて、インドネシアにおけるイスラーム主義勢力台頭の民主主義へのインパクトについて展望する[3]。

2.　イスラーム主義指導者による動員戦略の変化

　本節では、大統領選におけるイスラーム主義勢力の言説の変化とその動員戦略について確認しておく。近年インドネシアにおけるイスラーム主義指導者

は、国家や政治制度に関する見解を柔軟に変更し、多くの人々に受け入れられやすい論理を用いるようになっている。その効果が顕著に出たのが2019年大統領選挙であった。

　まず、国家の形態に関しては、シャリーアに基づいて統治される政治主体（イスラーム国家）の樹立を理想としてきた。しかし、今日のインドネシアにおいては、多宗教の共存を前提とする国民国家体制への合意が多くのムスリムにも広く共有されている。他方で、イスラーム国家の樹立は国民国家という枠組みを否定する「過激」な思想としてとらえられ、非難の対象となってきた。そこで、イスラーム主義指導者は一般のムスリムからより広い支持を得るため、国民国家における多宗教の共存という前提をあからさまには否定せず、むしろ公の場では、現状の国家システムへの忠誠と他の宗教を信仰する国民との共存を唱えるようになっている。

　次に、民主主義体制に関する見解の変化である。イスラーム主義指導者は、これまで民主主義とは西洋伝来の世俗的な制度であり、神が創造したシャリーアに反し、イスラームの理念実現を阻むシステムとみなして否定してきた。しかし、インドネシアにおいては、制度としての民主主義への満足度が高く、民主主義そのものを否定する言説はもはや受け入れられにくい。そこで、彼らはインドネシアが民主主義国家であるにもかかわらず、国民の多数派であるムスリムの利益が実現されていない、という論理を使うようになっている。

　イスラーム主義指導者たちはジョコウィ政権に対峙するため、このように国民国家と民主主義に関する主張を変化させることによって、従来イスラーム主義に懐疑的であったムスリムも支持基盤として取り込んだ。なかでも、こうした主張を用いて2019年大統領選挙においてプラボウォ支持者の動員に貢献したのは、ソーシャルメディア上で多大な影響力を持つようになった説教師たちである。彼らはジョコウィ政権がイスラーム主義勢力の取り締まりを強権的な手法で行ったことを争点化した。そして、国民国家と民主主義の前提を肯定しつつ、ソーシャルメディア上で抑圧的権力者に対峙する果敢な宗教指導者像を巧みに演出してオーディエンスを増やした。こうしてプラボウォ陣営へのムスリム票の動員に貢献したのである。

　本章で注目するイスラーム説教師アブドゥル・ソマド・バトゥバラは、イン

スタグラムやユーチューブを通して多くのムスリムの注目を集め、2019年大
統領選挙においてプラボウォ支持拡大に貢献した。イスラーム説教師は、通常
講演やマスメディアを通してイスラームの教義について大衆向けに説法を行
い、報酬を得る。いわばフリーランスの指導者であり、組織的基盤やネット
ワーク、資金力を持たない個人でも自由にメッセージを発信できるソーシャル
メディアとの相性がよい。ソマドはまさにソーシャルメディア時代の寵児であ
り、「流行の説教師（ustadz zaman now）」と呼ばれている。

　ソマドはスマトラ島リアウ州の出身であり、2017年以前には同地の国立イ
スラーム大学で教鞭をとる無名の講師であった。その名前が全国的に知られる
ようになる前には、地元のモスクや宗教寄宿学校（プサントレン）でしばしば
説教台の上から激しい調子でシャリーアの遵守を訴えてきた。しかし2019年
の大統領選挙が近づくにつれ、オーディエンスを全国規模に広げるため、ソマ
ドはより人々に受け入れやすいように、国民国家と民主主義を肯定するように
なった。また、「過激」ともとられかねない激しい口調を抑制しつつ、落語家
のように歯切れのいい皮肉とジョークを随所に交えながら説法を行うように
なった。ユーチューブで1000万回以上の再生回数を誇る人気の説法動画にも、
しばしば「面白い（lucu）」や「笑える（ketawa）」のタイトルがつけられてい
る（図1）。ソマドは従来の人気説教師が宗教教義に疎い都市部の中間層や富裕
層を主要なターゲットとしてきたのと違い、プサントレンで宗教教育を受けて
きた地方のムスリムをオーディエンスとして取り込んだ。ソマドはエジプトと
モロッコで学んだ経験があり、ハディース学の学位も取得しているうえ、多く
のインドネシア人ムスリムにとって馴染みの深いムハンマドの誕生祭（マウリ
ド）のような行事や預言者を賛美する詩歌（サラワット）を説法で重視すること
が、地方の人々に好感を与えたのである。

　次節以下で述べるように、ソマドはソーシャルメディアを通じてジョコウィ
陣営との攻防の先鋒となり、選挙の直前にはインスタグラムのフォロワーは
900万人に迫った。また、ソマドをはじめとしたイスラーム主義の説教師たち
が選挙前に大規模な講演を繰り返したスマトラ島のムスリム多数派地域では、
プラボウォの支持獲得に絶大な影響をもたらした。

図1. アブドゥル・ソマドの人気説法動画
（上）「感動！！説教師アブドゥル・ソマド、刑務所の囚人を笑わせる」
出所：https://www.youtube.com/watch?v=sWQYa4mxM1U
（下）「面白い！！10の質問に答える説教師アブドゥル・ソマド」
出所：https://www.youtube.com/watch?v=4HtYfX8Ehrw&t=1234s
（いずれも2019年11月3日アクセス）

3. 分極化の構図——「反イスラームの権威主義政権」と「善良なるムスリム」の対立

　本節ではまず、イスラーム主義の指導者がジョコウィ政権による強権的な圧力行使を争点化することで、自らに有利な対立構造を演出しようとしたことを示す。このプロセスにおいて、ソマドはジョコウィ陣営による不当な圧力を受けながら民主主義とイスラームの大義のために奮闘する「善良なるムスリム」の指導者としてイメージを形成していった。

　先述の2016年末以降のアホック・ジャカルタ州知事に対する抗議運動後、ジョコウィ政権はイスラーム主義勢力に対する締め付けを強化した。まず、イスラーム防衛行動の象徴的存在であったアラブ系指導者、リジク・シハブの刑事告訴である。それまでの世論におけるリジクのイメージはイスラーム主義の指導者というよりも、むしろ一介のヤクザ組織の親分にすぎなかった。リジクは一部の都市住民の支持を得てきたものの、主要イスラーム組織からすればきわめて周辺的な存在であった。ところがリジクは、2017年のイスラーム防衛

図2.　リジクの反ポルノ法違反に関するネットメディアの報道
出所：https://twitter.com/detikcom/status/874429292179972097
（2019年11月3日アクセス）

行動の成功によって急激に人気を上昇させ、世論調査では大統領候補にも名前
が挙がるほどになった。脅威を抱いた政権は、もっぱらリジクのイメージを失
墜させることを目的にいくつもの容疑をかけた。最もセンセーショナルだった
のは、反ポルノ法違反だった。警察はリジクがワッツアップで知人の女性と猥
褻なメッセージと写真のやりとりを行ったとして事情聴取を行った。そして、
その証拠とされるチャット画面がソーシャルメディア上に流布された（図2）。
さらに、リジクは多宗教共存の象徴であるパンチャシラ建国五原則に反した言
動を行ったというかどでも、繰り返し事情聴取を受けた。これらの嫌疑と度重
なる事情聴取の報道は、リジクのイスラーム主義指導者としてのイメージを大
いに傷つけた。逮捕を恐れたリジクは2017年5月にサウディアラビアへ逃亡し
た。そのほかの中心的な指導者であったバクティアル・ナシールもイスラーム
防衛行動で集めた寄付金を資金洗浄したという疑いで警察の取り調べを受け
た。国家反逆罪の容疑で数カ月拘留された指導者もいた。
　続いて2017年7月にジョコウィ政権は、イスラーム防衛行動の主戦力だっ
たインドネシア解放党（略称、Hizbut Tahrir Indonesia: HTI）をパンチャシラや

1945年憲法に反していることを理由に、議会をバイパスして大統領権限で強引に非合法化した。HTIは国民国家や民主主義制度を否定してイスラーム国家（カリフ制）樹立を目指す国際的なイスラーム主義運動であるものの、暴力的な手段の行使は否定してきた。政権の強引なHTI非合法化に対しては、イスラーム主義組織だけでなく人権団体からの批判を招いた。

　しかし、ジョコウィ陣営に加わったNUの活動家たちは、これを機にHTIへの攻撃を強めた。1990年代から徐々にNUの本拠地にも浸透していたHTIに対して、かねてからNUの指導者や構成員たちは脅威を抱いてきた。さらに、彼らはプラボウォ陣営についたイスラーム主義指導者たちも一様にHTIの一派とみなして、インドネシアにおける国民国家への同意やパンチャシラ原則に背く「反ナショナリスト」、そして「過激派」と呼んで攻撃した。とりわけ「カリフ制」はイラクとシリアのいわゆるイスラーム国（IS）を想起させる言葉として用いられ、ナショナリズムに反するという否定的なイメージが植え付けられた（第1章参照）。

　ソマドは実際、過去にHTIの集会で講演を行ったことがあったため、NUの格好のターゲットとなった。当時の講演の様子を写した動画はソーシャルメディアで拡散され、NUによるネガティブキャンペーンが強められた。また、2017年12月には、ヒンドゥー教徒の多いバリ島デンパサールで講演を予定していたソマドに対して、地元の大衆組織が抗議デモを行い、反ナショナリストの「過激派」と糾弾した。

　NUの支持を得たジョコウィ政権の抑圧的手法に対して、プラボウォ陣営の政治家は政権がインドネシアの宗教指導者である「ウラマー（イスラーム諸学を修めた知識人）を犯罪者化（kriminalisasi ulama）」しているとの非難を強めた。プラボウォ陣営は、リジク・シハブ、HTIやソマドのケースを強調することで、ジョコウィ政権を多数派であるムスリムの権利を抑圧する、「反イスラームの権威主義政権」と印象づけた。

　ソマドもさまざまな機会を利用して、純粋な宗教活動が不当な圧力によって脅かされているとの主張を繰り返した。たとえば、2018年4月には、「中ジャワ州および東ジャワ州で私は脅迫や唐突なキャンセル、脅しを受けた」とフェイスブックやインスタグラムで主張し、同地での複数の講演の中止を発表し

た。ソマド自身は具体的な言及を避けてきたものの、非難の矛先がジョコウィ陣営についたNUに向いていることは明白だった。ソマドが講演を中止したのは、いずれもNUの一大拠点であり、同時期には実際にNUの私兵組織がソマドの講演に反対する抗議運動を行っていたのである。

　ソマドが自らの窮状を訴えるたびにインスタグラムのフォロワーは増加した。ソーシャルメディア上では多くのムスリムがソマドの訴えに同情し、そしてジョコウィ陣営に対する怒りへと効果的に転換されたのである。主要メディアもソーシャルメディア上で多大な影響力を持つ説教師の動向に逐一反応するようになった。ジョコウィ陣営の政治家からも、ソマド人気にあやかろうと同情を示す者が現れた。

　2018年8月には、ソマドはプラボウォ陣営の議員の招きで、国会のモスクで講演する機会を得た。そこで彼は、「私のことを反多元主義だとか反ナショナリストだとか言って中傷した人々がいますが、私はそのあとに、人里離れたリアウ島の村でインドネシアの国歌を合唱し、国旗を掲げていたのです。彼らの携帯はおそらく高速インターネットにつながっておらず、その様子を見てなかったようです」と冗談を交えつつ、自身は国民国家の原則を否定する「過激」な指導者ではなく、信仰心の篤いナショナリストであることをアピールした。そして、「アッラーは偉大なりと唱える人は、ナショナリズムを否定しているわけではありません。また、ムルデカ（独立）を唱える人が宗教を否定しているわけでもないでしょう」[4]と述べ、イスラーム主義がナショナリズムに反しているとの攻撃が不当であるとの見解を示した。

　自らへの圧力が高まるなかで、ソマドはカリフ制の実現など、国民国家の統一性や民主主義自体を否定するような主張も注意深く回避するようになった。その代わりに、自らのナショナリストとしてのアイデンティティを強調するとともに、パンチャシラと現行の民主主義の枠組みにおいてシャリーア法令を実施できるよう、選挙では敬虔なムスリムの選出を呼びかけた[5]。こうしてソマドは与えられた舞台とソーシャルメディアを巧みに利用して、不当な抑圧に果敢に抵抗する「善良なるムスリム」のシンボルとして自らのイメージを形成していったのである。

　ソーシャルメディアを通じて存在感を示したソマドは、サウディアラビアに

逃亡したリジクをはじめとする指導者たちからプラボウォの副大統領候補に推薦された[6]。しかしソマドは出馬の可能性を否定し、あくまで敬虔な宗教指導者としての立場を堅持した。自ら政界進出し、露骨な政治的野心をみせれば宗教権威としてのイメージが損なわれ、支持者も減少することを見込んでの選択であった。この選択はおおむね好意的に受け取られたとみていいだろう。実際、2018年11月には有力世論調査機関が、ソマドがインドネシアのムスリム有権者にとって最も影響力のある宗教指導者となったと発表した[7]。ソマドのソーシャルメディアのフォロワーも止まることなく拡大を続けた。2年前までリアウ州の無名の大学講師であったソマドは、国民的な支持を受けるムスリムの指導者として存在感を発揮するようになったのである。

4. 虚偽の中立宣言とラストスパートの演出

　ジョコウィ陣営はソマドをはじめとするイスラーム主義指導者たちの活動に歯止めをかけるため、攻撃するばかりではなく、懐柔も試みた。これまでのソマドやその支持者の言動から、彼はすでにプラボウォ陣営についているとみなされていたものの、プラボウォへの正式な支持は表明していなかった。そこで、2018年末からジョコウィ陣営の選挙参謀は、大統領選挙においてソマドが公にプラボウォ支持を表明しないよう、ソマドと同郷の政治家を通じて説得を試みた。その結果、ソマドはあっさりとソーシャルメディア上で「大統領選挙においては中立を維持し、両陣営の大統領候補、副大統領候補とのいかなる会合にも出席しない」と宣言したのである[8]。

　加えてソマドは、2019年2月上旬にジョコウィを支持するNUの顔であるカリスマ的な有力指導者たちを電撃的に訪問し、NUに対して和解を求める姿勢を演出した（図3）。一連の訪問には、ソマドのエジプト留学時代からの友人で、NUの有力な指導者ディミヤティ・ロムリの息子であるアフィフディン・ディミヤティが同行した。アフィフディンによれば、ソマドはかねてから「HTI支持者であるとの疑いを晴らしたい」と彼に相談を持ちかけていたという。そこでアフィフディンはソマドに対し、HTIと敵対してきたNUの指導者たちに敬意を示すことで、嫌疑を晴らすことを提案したのである。NU指導者への訪問

図3．アブドゥル・ソマドがNUの指導者を訪問した様子
出所：（右）https://twitter.com/MCAOps/status/1094234310654218241、（左）
https://twitter.com/MCAOps/status/1094395464055586816
（いずれも2019年11月4日アクセス）

はソーシャルメディア上で拡散され、主要メディアも大々的に報道した。

　こうしたNU指導者への和解の演出とは裏腹に、3月にはソマドはスマトラ島の各地でプラボウォ陣営の政治家や説教師との講演を再開した。ソマドはジョコウィ陣営の主戦力であるNUに対して友好的な演出を行うことで敵陣からの批判を抑制する一方で、本拠地においてはプラボウォ陣営への動員のために活動を継続したのである。

　ソマドはソーシャルメディアを利用して全国的に有名になったが、出身地のスマトラ島ではとりわけ高い人気を誇る。地元リアウ州のほか、近隣の西スマトラ州やアチェ特別州の講演では、時に数万人の観衆を集め、オフラインでも人々を動員した。これらの地域のモスクやプサントレンは、集客と寄付金を目当てに、ソマドをはじめとする人気説教師をこぞって招聘した。

　ソマドら説教師たちはイスラームの道徳的価値に訴えることでムスリムの有権者たちをジョコウィ陣営から遠ざけようとした。たとえば、彼らはしばしば

ジョコウィ陣営がイスラーム主義勢力に対抗するために採用した「イスラーム・ヌサンタラ」というスローガンへの批判を展開した。ヌサンタラとはインドネシアを中心とした東南アジア島嶼部を指す。ジョコウィ陣営はこのスローガンを掲げて、インドネシアの地域文化に即して発展した独自のイスラームの歴史から、寛容性や多宗教間の共存の側面を強調する。その対抗概念として想定するのは、厳格なイスラーム法解釈に基づくイスラームの純化とイスラーム国家の樹立を志向する、きわめて単純化された「アラブ」起源のイスラーム主義である[9]。ジョコウィ政権は2015年のNU全国大会で公式に用いられたこの概念を採用し、外務省、国家開発企画庁をはじめとする国家機関を総動員して活用した。これに対して、イスラーム主義の指導者たちは、イスラーム・ヌサンタラはイスラームの発祥の地であるアラブとインドネシアの紐帯を切り離そうとする「反イスラーム」的な目論見であると非難した。さらにこのスローガンは、アラブ諸国のイスラームを「過激派」とみなし、アラブ人への偏見を助長する人種差別的な価値を体現していると主張した。

　加えて、プラボウォ陣営は、ソーシャルメディア上でさまざまなフェイクニュースを流布した。たとえば、「ジョコウィが続投すれば、公教育における宗教の授業が廃止される」「LGBTが合法化される」「ジルバブ（女性用のベール）が禁止される」などのデマによって、多数派であるムスリムの利益や道徳がないがしろにされる危険性を盛んに警告した。とくにスマトラ島のムスリム多数派地域では、ジョコウィも政権与党の闘争民主党も世俗的であり、スマトラのイスラームとは馴染まないとみなされてきたため、こうしたデマは広く浸透した。また、NUもスマトラ島にほとんど基盤がなく、ジョコウィを積極的に擁護する地元の宗教指導者は現れなかった。

　これに関連して、スマトラ島のムスリム（非ジャワ人）のジャワ中心主義への反感も、ジョコウィへの否定的なイメージを強化させた。細身で低姿勢のジョコウィは、彼らにとってまさにジャワ人を象徴する人物であり、カリスマ性を欠き、国家の指導者にふさわしくないとみなされたためである。こうした反ジャワ感情と共鳴して、イスラーム主義指導者とプラボウォ陣営の政治家たちのキャンペーンが人々をプラボウォ支持へと導いていった。

　プラボウォ支持が強められていくなか、2019年4月11日、ソマドがプラボ

[EKSKLUSIF tvOne] Dialog Prabowo Subianto - Ustadz Abdul Somad

図4．［tvOne独占映像］プラボウォ・スビアントとの対話
——説教師アブドゥル・ソマド

出所：https://www.youtube.com/watch?v=mVqqvj8m0B4
（2019年11月4日アクセス）

ウォと対談する動画が公開された（図4）。媒体はテレビであったが、実際の拡散はソーシャルメディアによるものだった。ソマドは大統領選挙目前になってプラボウォ支持を表明したのである。オンライン上で人気を得た説教師としての影響力をプラボウォへの支持動員に最大限に利用するような発表の方法であった。対談においてソマドは、「各地の講演の場で多くのムスリムがプラボウォ支持を表明することを強く求め、そして自らが敬愛する指導者までもがプラボウォを支持していることを知って心底突き動かされた」と話した。こうした経緯により、選挙における中立宣言を破ってプラボウォへの支持を表明せざるをえなくなったと述べた。プラボウォはぎこちない様子でソマドの説明にうなずいた。そして、プラボウォより26歳も若いソマドが67歳のプラボウォに「助言」を与え、プラボウォに数珠とイスラームの聖地メディナで購入したという香油を渡した。さらに、「あなたが大統領に選出されても私はいかなる地位をも決して望まない」と話し、宗教指導者としての潔白を示した。対談の最後には、プラボウォが涙し、ソマドが勝利のために祈祷した。プラボウォが抑圧的な政権に抵抗する果敢なウラマーからお墨付きを得る、という演出であった[10]。ソマドの支持者がプラボウォに投票することはすでに予想されていたも

のの、ラストスパートの演出によってソマドの支持者はプラボウォへのコミットメントを強めた。この動画は瞬く間にソーシャルメディアを駆け巡り、ユーチューブには数日で4.7万件以上のコメントが付いた。これに続いて、他の人気説教師たちも同様の演出でプラボウォ支持を表明する動画を作成した。そして、プラボウォはNUの拠点を除くムスリム多数派地域ではおおむね過半数の票を得た。とくに、ソマドをはじめとした説教師たちが選挙直前に集中的に講演を行った西スマトラ州では86%、アチェ特別州でも85.5%と、両地域では全国最多の得票でプラボウォは圧勝した。

　大統領選が終わるとソマドは講演活動やソーシャルメディア上の活動を停止した。インスタグラムのアカウントは削除され、ソマド自身は博士号取得のためにスーダンに向かったと報道された。ほどなくインスタグラムは新しいアカウントに移行したが、しばらくはスーダンからの活動報告と短く穏やかな調子の説教がアップロードされるのみとなった。ソマドはその政治的役割に一区切りをつけたかのようにみえた。

5.　分極化の傷跡

　インドネシア社会に激しい分極化をもたらした大統領選が終了したのち、エリート間では次第に和解が進んだ。プラボウォは2019年7月にジョコウィ、8月には闘争民主党党首で元大統領のメガワティ・スカルノプトリと会合した。国会のポストや連立与党への参加について話し合われたとみられている。その結果、プラボウォは10月に国防大臣として晴れて入閣を果たした。他方で、互いに激しい憎悪を煽った両候補者の支持者たちの間には、依然として禍根が残っている。

　政治から距離をおいたかのようにみえたソマドに対しても再び、攻撃が仕掛けられた。8月半ば、何者かが3年前に地元リアウ州のモスクで撮影された動画をソーシャルメディアにアップロードした。動画では、「なぜ十字架を見ると震えを感じるのでしょうか」という聴講者の質問に対し、ソマドが「それは悪魔だ」と断定したうえで、「（キリスト教徒が持つ）十字架には不信仰者の精霊が宿っている」と説明している様子が映し出されていた[11]。そして「ムスリム

の信仰を守るため、家族が入院した場合などには十字架を伏せておかなくては
ならない。そうでなければ、最後の瞬間にイスラームへの信仰を失うだろう」
と発言した。ソマドによる一連の応答のなかでも、とりわけ「不信仰者」とい
うレッテルはキリスト教徒への憎悪や敵意を煽るものであり、明らかにその発
言が炎上することを意図した攻撃だった。案の定、キリスト教徒の学生運動組
織などがソマドの発言を宗教冒瀆であるとしてすぐさま警察に通報した。さら
に、NUの活動家らもこれに乗じて再びソマドへの非難を強めた。

　これに対しソマドは、問題となった発言は非公開の場で述べたものあって、
聴衆はあくまでムスリムの共同体であったことを強調した。そして、「自らの
宗教（イスラーム）の信仰箇条について説明しただけ」だとして謝罪を拒否し
た[12]。このケースからも明らかなように、ジョコウィ陣営の一部の活動家たち
は事あるごとにソマドの発言を問題視してソーシャルメディア上で攻撃するも
のの、一般のユーザーの関心は容易に他の争点に移る。ましてや、ソーシャル
メディアにおける争点化に長けた、プラボウォ陣営の政治家や説教師たちは同
胞の不都合な発言には反応しない。さらに、この件で再びソーシャルメディア
を沸かせたソマドを各地の政治家や起業家がこぞって招聘し始めた。2019年
11月には、世論の絶大な支持を誇ってきた汚職撲滅委員会（第1章参照）の職
員団体までもがソマドに講演を依頼した。スーダンに留学していたはずのソマ
ドは、インドネシアに戻って国内で説法を再開している。

6.　おわりに

　2019年の大統領選挙においては、ソーシャルメディア上で2人の候補者を支
持するイスラーム勢力が攻防を繰り広げ、それぞれの支持者の感情を煽って分
極化を進行させた。ここで強調すべきは、近年のインドネシアの民主主義に対
して、最も直接的かつ深刻な打撃を与えたアクターは、イスラーム主義勢力で
はなく、彼らの台頭に脅威を抱いたジョコウィ政権だという点である。政権に
よるイスラーム主義勢力の取り締まりは、民主主義が守るべき重要な価値であ
る市民権を侵害するものであった。

　こうした政権の取り締まりは、プラボウォ陣営およびソマドをはじめとする

イスラーム主義指導者に巧みに争点化され、彼らに対するムスリムの有権者の同情と支持を強めさせた。ジョコウィ政権に対しては「反イスラームの権威主義政権」という否定的なイメージを徹底的に植え付ける一方で、巧みに自らの同胞たちを政権の抑圧に抵抗する「善良なるムスリム」のシンボルとして演出した。

　イスラーム主義指導者たちは2019年大統領選挙で勝機を逃したものの、選挙民主主義と国民国家の前提を肯定しつつ活動を展開するようになっており、着実に社会的認知と支持を高めている。他方で、ジョコウィの支持基盤を形成したNUは、イスラーム主義への対抗に躍起となり、政権による強権的な取り締まりをも称賛した。少なからぬムスリムにとって、NUが掲げてきた宗教多元主義の道徳的な正当性は大きく損なわれてしまった。

　選挙を通じて創出されたジョコウィ政権やNUへの不信感は、いまも潜在的な不安定要素としてくすぶり続けている。宗教多元主義への人々の幻滅は、イスラーム主義のさらなる浸透を促すことになるだろう。

注記

⑴　詳しくは以下を参照。Michael Buehler, *The Politics of Shari'a Law: Islamist Activists and the State in Democratizing Indonesia*. Cambridge: Cambridge University Press, 2015.

⑵　Viva.co.id., "Pernyataan Lengkap Ahok Saat Sebut Surat Al-Maidah Ayat 51"（2016年10月6日アップロード）https://www.youtube.com/watch?v=MNdJv3ZAqQE（2020年1月20日最終アクセス）。日本語訳は以下を参考にした。見市建「宗教の冒とく」『じゃかるた新聞』2016年10月30日。https://www.jakartashimbun.com/free/detail/32151.html.

⑶　本章の内容は以下の拙稿と一部重複する。茅根由佳「大統領選挙におけるイスラーム主義指導者の『闘争』」IDEスクエア「世界を見る眼」日本貿易振興機構アジア経済研究所、2019年。

⑷　"Baru!! Ceramah Uas Dihalang Banser Di Jepara, Begini Pesan UAS"（2018年9月3日アップロード）https://www.youtube.com/watch?v=O2ZvTrRrI98（2019年10月20日最終アクセス）。

⑸　"Pendapat Ulama Mengenai Khilafah | Ust. Abdul Somad, Lc. MA"（2017年9月28日アップロード）https://www.youtube.com/watch?v=6pvm3Q2Ykts（2019年10月28日最終アクセス）。

⑹　ソマドのほか、福祉正義党（PKS）総裁のサリム・セガフ・ジュフリも指導者らの推薦を受けた。

⑺　インドネシア世論調査サークル（Lingkaran Survei Indonesia: LSI）の発表に基づ

く。ソマドのほか、2位がアリフィン・イルハム、3位はユスフ・マンスール、4位はアア・ギム、5位はリジク・シハブであった。ソマドの勧告（imbauan）に従うと回答したのは30.2％だったのに対し、リジクの勧告に従うと回答したのは17％にとどまった。同じ調査で2016年12月にリジクの勧告に従うと31.4％の人が回答したものの、サウディアラビアに逃亡して以降、彼への支持は劇的に減少した。なお、NU会長のサイド・アキル・シロジの名前を聞いたことのある人は18.7％で、影響力は9位だった（CNN Indonesia 2018/11/14）。

(8)　ソマドが中立を誓った動画は以下を参照。"Ustadz Abdul Somad (UAS) Netral dalam Pilpres 2019 ?"（2019年2月9日アップロード）https://www.youtube.com/watch?v=-h5chsBWN70 （2019年11月2日最終アクセス）。

(9)　見市建「インドネシアにおける『イスラームの位置付け』をめぐる政治的闘争」『国際問題』675、2018年、p. 30。

(10)　動画はTV Oneの独占映像として2019年4月11日にテレビと同局のユーチューブチャンネルで公開された。"Exclusive TV One. Dialog Prabowo Subianto - Ustadz Abdul Somad"（2019年4月11日アップロード）https://www.youtube.com/watch?v=mVqqvj8m0B4（2019年8月4日最終アクセス）。

(11)　"Video Lengkap Ustad Abdul Somad Hukum Melihat Salib"（2019年8月16日アップロード）https://www.youtube.com/watch?v=b2wYLGtna48（2019年10月28日最終アクセス）。

(12)　"Ustaz Abdul Somad Klarifikasi Soal Hina Salib"（2019年8月18日アップロード）https://www.youtube.com/watch?v=bkwssaFym6M（2019年10月29日最終アクセス）。

第3章

ソーシャルメディアのつくる「例外状態」：
ドゥテルテ政権下のフィリピン

日下　渉

1. はじめに

　フィリピンでは、ソーシャルメディアとフェイクニュースの問題は、ロドリゴ・ドゥテルテ大統領と関連づけて論じられてきた。とはいえ、彼自身がソーシャルメディアを活用してフェイクニュースをばら撒くわけではない。組織化されたソーシャルメディア戦略家、荒らし要員、ボランティアの支持者が、フェイクニュースを駆使して、ドゥテルテを称えつつ政敵らを攻撃し、政治論争を脱線させてきたのである。

　2016年大統領選挙で、ダバオ市長を22年間務めたドゥテルテは、ソーシャルメディアで最も人気ある候補となり、フェイスブック社も彼を「フェイスブック上の会話における真の王者」と呼んだ[1]。選挙で圧勝後、ドゥテルテは「麻薬戦争」の公約を実施し、就任から2019年9月までに公式発表で7070名、人権組織によれば1万名以上の犠牲者を出した。リベラル派は、彼の超法規的な暴力を激しく批判する。だがソーシャルメディア上では、ドゥテルテを批判する政治家、ジャーナリスト、一般人を攻撃する激しい「愛国荒らし」が行われた。従来の大統領が就任から3年前後で支持率を急落させたのに対して、ドゥテルテは就任から3年後も8割近い支持率を維持している[2]。2019年中間選挙では、野党の上院議員候補に1議席の取得も許さず完勝した。

　こうした圧倒的なドゥテルテ人気を、組織的なフェイクニュースによる世論操作の結果と理解する向きもある。ドゥテルテの批判者は、彼の熱狂的な支持者を偽情報に容易に騙される盲目的な「ドゥテルテ・バカ（*Dutertard*）」と嘲っ

てきた。また、一種のデジタル・デバイドが背景にあるとも指摘されている。フェイスブック社は途上国の人々に無料アクセスを提供して使用者を増加させてきた。フィリピンでも2013年からこのサービスが提供された結果、インターネットに常時アクセスできない貧困層は、もっぱらフェイスブックから情報を得ることになり、フェイクニュースの餌食になっているというのだ。その状況を改善しようと、ネットメディア・ラップラー社などはファクト・チェックを行っている。これは、正しい情報を提供することで、人々が偽情報に操られることを抑制しようという試みである。

　しかし、ドゥテルテ支持者は、デジタル・リテラシーに欠けた単なる情報弱者なのだろうか。そう考えるだけでは、ドゥテルテ派の言説が、ソーシャルメディアを通じて多数派とかくも強く共鳴し続けている理由を理解できない。実際、2019年選挙では、野党側も中国人観光客の悪行を批判するフェイクニュースを流すなどの戦略を用いたが惨敗した。ソーシャルメディア上のあらゆる言説が、常に人々の認知を支配するわけではない。それゆえ、ドゥテルテ陣営は一方的に人々を洗脳したというよりも、むしろ人々の抱える怒りや希望をうまく見出し、それと共鳴する言説を練り上げて提示することに成功したと考えるべきだろう。多数派による既存の自由民主主義の否定や超法規的殺害の支持・容認は、フェイクニュースによる洗脳の結果ではなく、むしろ彼らの怒りや希望に根差している。その意味で闇はより深い。

　本章では、この視座に基づいて、なぜフィリピン人の多数派は既存の自由民主主義を否定しドゥテルテを支持するようになったのか、そしてその過程においてソーシャルメディアがどのような役割を果たしたのかについて検討したい。まず、ポピュリズムと新自由主義の昂進が、いかに自由民主主義を侵食するのか理論的に確認する。次に、フィリピンにおけるポピュリズムの台頭と新自由主義の浸透が、「悪しき他者」の排除を訴える政治を生み出したと論じる。そして、ソーシャルメディアにおけるドゥテルテ派の言説を検討し、既存の支配的勢力に対する怒りと、義賊的リーダーによる正義の実現というテーマがあることを指摘する。最後に、ソーシャルメディアが新自由主義とポピュリズムを接合させ、「例外状態」を生成する媒体として決定的な役割を果たしたと主張したい。

2.　侵食される自由民主主義

　ドゥテルテ人気について、多くの論者は、既存の自由民主主義が庶民の利益を長年にわたって無視してきたためだと説明する[3]。人々は口先で綺麗事を語りつつ権力と富を独占する既成エリートへの信頼を失い、剛腕で彼らの問題を解決すると約束したドゥテルテを支持するようになったというのだ。だが、エリート支配、暴力、貧困など、既存の自由民主主義の失敗はいまに始まったものではない。ドゥテルテの台頭を促したより根源的な要因は、ポピュリズムと新自由主義が交差する21世紀の構造的条件に根差している。

　ポピュリズムには諸説あるが、ここでは既存の権力構造のなかで「善き我々」を苦しめる「悪しき他者」に敵対を提示する対抗言説としたい。フィリピンにおけるポピュリズムの台頭は、政治家が貧困層への利便供与によって票を確保するクライエンタリズムの弱体化に伴っている。1980年代以降一般化した海外出稼ぎの機会に加え、2000年代から続く高度経済成長は貧困を削減し、有権者による政治家への依存を減らした。また1990年代のテレビ、2000年代の携帯電話、2010年代のインターネットというメディアの発達と浸透は、有権者が自ら情報を得て候補者を選ぶ手段を与え、彼らのより自由な政治参加を促した。その結果、とりわけ大統領選挙では、クライエンタリズムを通じた資源の配分よりも、善悪の定義をめぐるポピュリズムが重要になったのだ[4]。

　他方、個人の自由と市場原理を重視する新自由主義は、福祉を縮小し、雇用を柔軟化し、人々の社会経済的な地位、福利、そして失敗の責任も、国家から個人に転化する。それゆえ国家に頼れぬ人々は、自らを規律化し「善き市民」になることで、市場での成功を目指そうとする。だが、いかに自己を規律化しても、国家が十全に機能しない社会では、不平等な社会経済構造のなかで成功を収めるのは難しい。このジレンマのなかでストレスを抱えた人々は、自らの苦境や不遇の元凶として「悪しき他者」を構築し、彼らへのルサンチマンを募らせてきた。今日のフィリピンにおけるその代表は、腐敗したエリートと麻薬関係者である。

　こうしたポピュリズムと新自由主義の高まりがいかに人権侵害と暴力の横行を導きうるのかは理論的にも説明されている。政治理論家の山崎望によれば、

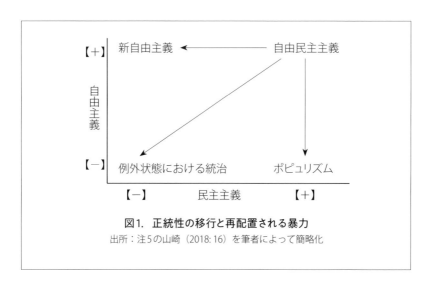

図1. 正統性の移行と再配置される暴力

出所：注5の山崎（2018: 16）を筆者によって簡略化

21世紀のグローバルな自由民主主義の衰退は、ポピュリズムと新自由主義の昂進が自由主義と民主主義のバランスを崩したためだという[5]。自由民主主義は、国家権力から個人の自由を擁護する自由主義と、人民による自己統治を理念とする民主主義の結合によって成り立つ。だが、ポピュリズムは「善き市民＝人民」の名のもとに民主主義を過激化する一方、国家権力による「悪しき他者」の破壊を正当化し、自由主義を侵食する。他方、新自由主義は自由主義を過激化する一方、経済的合理性のみに固執する利己主義者を生み出し、民主主義に責任を持つ人民（デモス）を解体していく。そして両者の同時進行は、ジョルジュ・アガンベンのいう「例外状態」へと至るというのである（図1）。

　アガンベンによれば、主権国家が持つ最大の権力は、法を執行する能力ではなく、むしろ法を停止する能力によって発揮される。主権国家は自ら定義した危機において、「善き市民」を守るためとして、「悪しき他者」に対する法の適用を停止し、彼らを正当に殺害することさえ許されるというのである[6]。そうした「例外状態」の例として、彼はナチス・ドイツにおけるユダヤ人虐殺や、アメリカがキューバに持つグァンタナモ収容所における対テロ戦争容疑者の非人道的な扱いを挙げている。ここに、麻薬容疑者の超法規的殺害が常態化した今日のフィリピンを加えることも可能だろう。

3.　ポピュリズムと新自由主義の昂進

ポピュリズムの挑戦と変遷

　フィリピンでは、1986年の劇的な民主化以来、「ピープル・パワー物語」が自由民主主義を支える支配的な道徳言説となってきた。これは、マルコス独裁体制による人権侵害、ベニグノ・アキノ元上院議員の暗殺、数十万人もの民衆蜂起による民主化という経験を経て、自由民主主義の価値と制度に基づいて国民国家を発展させていこうとするものである。この物語を積極的に語り、そのなかで自らを「善き市民」と位置づけてきたのは、アキノ家ら伝統的エリートと、エリート大学を出たリベラル派知識人・活動家・専門職の中間層らである。これら2つの勢力の奇妙な連合を可能にしたのは、独裁政権下で抑圧され、民主化闘争を戦ったという経験の共有である。ピープル・パワー物語とこの政治連合は、民主化後の政治改革を導くと同時に、伝統的エリートの復権を正当化する役割も果たした。

　この復活した自由民主主義は、ポピュリズムと新自由主義の昂進によって少しずつ侵食されてきた。まず1998年には、民主主義と経済発展から疎外されたと感じる貧困層が、エリートへの敵対と「貧者への優しさ」を訴えたジョセフ・エストラダのポピュリズムに呼応し、彼を大統領に当選させた。これに対して、中間層は映画俳優出身のエストラダの「知性と道徳性の低さ」を批判し、その腐敗疑惑が暴露されると「ピープル・パワー2」と呼ばれる大規模デモによって彼を追放する。票の数では貧困層が多数派だが、「ピープル・パワー物語」を語る中間層のほうが、民主主義を担う「善き市民」としての正統性をメディアと街頭で主張することに秀でていたのだ。

　だが2010年代後半、ドゥテルテのポピュリズムは、票の数でも正統性の点でも支配的となり、既存の権力構造をひっくり返すことに成功した。ドゥテルテとその支持者は、「ピープル・パワー物語」を、偽善的エリートの戯言にすぎないと退ける。ドゥテルテのポピュリズムがかくも強力なのは、階層を超えた多数派をつくり上げたからである。かつてエストラダは、エリートに敵対を提示しつつ、貧困層という階層に根差した多数派に「豊かさ」を与えるとアピールした。他方ドゥテルテは、「規律」の名のもとに、エリートと麻薬関係

者に敵対を提示し、すべての階層から支持されている。ポピュリズムは階層亀裂に基づいて再配分を訴えるものから、階層を超えて「悪しき他者」の排除を訴えるものへと変化したのだ。

新自由主義の統治性

その背景には、2000年代中頃から続く経済成長と、そのなかで一定の社会階層の上昇移動を果たしてきた新興勢力の台頭がある[7]。彼らは典型的には、海外出稼ぎ労働者、新興下位中間層、豊かさを目指す貧困層らである。その特徴は、新自由主義の統治性のもと、規律化された「善き市民」としてストレスを抱えつつ悪戦苦闘しており、腐敗した役人や犯罪者を、自らの努力の足を引っ張る「悪しき他者」として敵視することである。

海外出稼ぎ労働者は、不安定かつ、しばしば危険な異国の環境のもと、辛抱強く勤勉に働き、稼いだ金を親族に送金し、祖国の経済発展にも寄与してきた。また彼らの働く諸外国では、フィリピンよりも厳格な刑事司法制度があることが多く、節度を持った生活を強いられる。異国でストレスを抱えつつ暮らすなか、彼らはしつこく金をねだっては浪費する親族や、帰国するたびに恐喝まがいに金をねだる入国管理局の職員らに苛立ってきた。

海外出稼ぎ労働者の子弟らは、大学を卒業して新興下位中間層を形成するようになった*。彼らは学校、人材派遣会社、職場などで、規律化された「善き市民」、すなわちグローバルな労働市場の需要に合った「人的資源」になるよう要求される。そしてコールセンターなどビジネス・プロセシング・アウトソーシング（BPO）、不動産、小売、観光など、グローバル経済のなかで急成長するサービス産業の末端や中間管理を担っている**。その両親世代がインフォーマル経済や農業経済で貧しくも比較的自由に働いたのとは異なり、彼らは社会階層を上昇する機会をつかむべく、厳格な職務規定に規制され、かな

---

　*　大学進学率は1990年の25％から2015年の35％に、高等教育機関の数は2005年の約1600から2015年の2300に増加した。
　**　サービス産業人口は1996年には41％だったが、2016年には59％に増加した。東南アジアでは74％のシンガポールに次ぐ高さである。他方、1996年に43％を占めた農業人口は、2016年には27％まで減少した。

りの程度、生活と労働の自律性を犠牲にしてきた。しかし、それにもかかわらず、就職や昇進で優遇される上位中間層やエリートとの競争に勝つことは難しく、不安定かつストレスに満ちた生活に悩まされている。

　そして貧困層は、新自由主義的な貧困対策プログラムの対象になってきた。それらの特徴は、国家、財界、NGO、世界銀行など国際ドナーが、貧困層を企業的精神と自立心に富み、プログラムに責任を持って参加する、規律化された「善き市民」に変革させようとすることである。2000年代に導入された条件付き現金給付プログラムや、2010年代に実施された不法占拠者の再定住プログラムは、支援の条件として、貧困層に品行正しく規律化された生活を送ることを要求する。社会福祉開発庁の生計支援プログラムや、商業化したマイクロファイナンスは、個人主義、勤勉、規律といった資本主義の規範を教えることで、農村の貧困女性を、ローンを駆使する事業家へと変えようとする。これらのプログラムは集団ごとの連帯責任を強調して、現金給付の停止や債務不履行を防ごうとする住民同士の相互監視を強化した。こうして、外部からの規律的介入を受け入れた者たちは、新たな生活様式の不自由さにストレスを抱く一方、無職の酒飲みや麻薬常習者らへの憤りを深めてきた[8]。

新しい「善き市民」の敵意

　こうして21世紀に入り、より多くの人々が自らの自由を犠牲にしつつ、規律化された生活と労働を受け入れてきた。その結果、フィリピン人の道徳的主体性は変容しつつある。かつて貧困地域では、手にしたなけなしの金を仲間たちとの酒盛りに費やしてでも、人々は資源を共有し合う道徳を重視した。国家と市場が人々の生存を保障しない社会では、親族や近隣の者たちと相互依存を強化していくことは重要な営みだった。いわば、コミュニティの成員の生存を重視する「モラル・エコノミー」[9]が、利益の最大化を重視する資本主義経済を抑制していた。そのような社会では、自らの資源を進んで他者と共有する者が「善き人間」であり、それを拒む者は嫌われた。

　しかし、資本主義の価値と規律が人々の生活に浸透していくに従い、ビジネスを通じて利益を上げ、消費によって経済に貢献し、品行正しい生活を送り、辛抱強く勤勉に働く者こそが「善き市民」とみなされるようになった。同時

に、仲間との飲酒や賭けによる連帯の創出といった、かつての生活様式に固執し、貴重な資源を浪費する者は次第に「非道徳」を象徴するようになっていった。とりわけ、定職を持たぬまま自由奔放に暮らし、家族や隣人を苦しめる麻薬密売人や中毒者たちは、規律なき「悪しき他者」の象徴として従来以上に敵意の対象となった。

　かつて民主化運動を担った中間層は「善き市民」を自認し、教育を受けていない貧困層を「見習い市民」とみなして啓蒙し、貧困から抜け出すのを支援することで、自由民主主義を定着させようとした。しかし、2010年代に台頭してきた新しい「善き市民」は、悪癖に拘泥する貧困層を、救うべき価値のない「悪しき他者」と敵視する。さらに、この新しい「善き市民」は、自由民主主義の諸制度を悪用して富と権力を独占してきた伝統的エリートも、彼らの成功を妨げる「悪しき他者」として嫌悪する。それゆえ既存の自由民主主義そのものも破壊すべき「腐ったシステム」とみなしがちである。

　しかし、「善き市民」はこうした敵意を抱きつつも、モラル・エノコミー的な相互扶助の道徳を完全に否定することはできず、「悪しき他者」を家族やコミュニティから放逐することに躊躇する。また、伝統的エリートによる支配を覆すような力も持たない。こうしたジレンマのなか、被害者意識と不満をため込んだ「善き市民」は、規律の鉄拳で社会の底辺と頂点に巣食う「悪しき他者」を懲罰し、彼らを救い出す救世主の姿をドゥテルテに見出したのである。

4.　ソーシャルメディアと「義賊ドゥテルテ」の構築

ドゥテルテの選挙戦とソーシャルメディア

　2016年大統領選挙戦が始まると、ソーシャルメディアは、新しい「善き市民」の不満をドゥテルテのポピュリズムと共鳴させ、希望へと変える媒体としての役割を果たした。彼らはソーシャルメディアを飛び交うドゥテルテのさまざまな逸話に感銘を受け、彼こそが自らの不満と怒りを解決してくれるに違いないと希望を抱いた。そしてソーシャルメディアを通じて自らの感情や意見を表現し、同様の考えを抱く人々と出会い、「ダイハード・ドゥテルテ・サポーターズ（Diehard Duterte Supporters: DDS）」*を形成していった。

　DDSの中心は、新興下位中間層に属する若年層だと考えられる。フェイスブック使用者の63％が18〜34歳に属する[10]。世論調査でも、25〜34歳のドゥテルテ支持が、他の年齢集団よりも高いことが多い[11]。2016年と2019年の選挙では有権者の3分の1以上が18〜35歳に属し、彼らの票が決定的な役割を果たしたともいえる。彼らは独裁政権の抑圧も民主化闘争も経験しておらず、ピープル・パワー物語にも親近感を抱きにくい。筆者が参与観察したドゥテルテの選挙演説でも、若者たちの熱気が強く印象に残った。

　ドゥテルテ派のフェイクニュースを組織的に生み出したのも、悩める若き新興下位中間層である。欧米企業の下請けを行うBPO産業の成長は、英語に流暢でテクノロジーに精通した若いデジタル労働者を大量に生み出した。その多くは時差の関係で夜勤を強いられるなどストレスの多い環境で働いている。そして選挙期になると、彼らはインターネット荒らしの臨時職を得た[12]。なかには、主流メディアに職を得るも低賃金や不安定な労働条件を経験した後に、経済的理由でフェイクニュース関連の仕事に従事するようになった者もいる[13]。

　そもそもドゥテルテ陣営がソーシャルメディアを重視したのは、テレビやラジオ広告を活用する資金力を持たなかったからである[14]。彼らはフェイスブック社からその活用法について講習を受け、広告業界からソーシャルメディア戦略家を雇った。そして戦略家らは、疑似ニュースサイトを作成し、その記事を拡散した。また地域ごとに支持者を組織化し、週ごとのメッセージをそれぞれのネットワークを通じて発信させた。異なる時刻帯で活動する海外出稼ぎ労働者は、24時間体制でドゥテルテ派の投稿を発信するのに寄与した。彼らは出稼ぎ先の外貨でフェイスブックの広告費を支払い、彼らのページがより多くの人目に触れるようにした。多くのフォロワーを持つインフルエンサーや雇われスタッフも活躍したが、大多数はボランティアだったという。実名で活動する者もいたが、「憂慮するネチズン」や「奮闘する海外出稼ぎ労働者」などを語る偽アカウント使用者がとくに積極的な役割を担った。

　代表的なインフルエンサーには、モカ・ウソンがいる。彼女は薬学を学んで

*　ドゥテルテがダバオ市長時に麻薬犯や犯罪者を暗殺したとされる「ダバオ処刑団（Davao Death Squads: DDS）」にちなんでいる。

図2. 香港のドゥテルテ応援集会（上）と
対立候補の集会とされる写真（下）を対比させた投稿

出所：Mocha Uson Blog（2016年4月3日）https://www.facebook.com/
Mochablogger/photos/hongkong-campaign-same-dayabove-photo-duterte-
rallybottom-photo-roxas-rally/10154139416161522/（2019年12月16日アクセス）

いたが中退し、セクシー・ダンス・グループのリーダーとして有名になり、性
的な話題を語るブログでも人気を博した。2016年選挙戦ではドゥテルテ陣営
の遊説活動をサポートすべく、各地で「ドゥテルテ・ダンス」を熱演した（図
2）。選挙戦が始まると、主にタガログ語で煽情的な投稿を行うことも共感を呼
び、「フィリピン人庶民の声」と副題をつけたフェイスブックページのフォロ
ワーは550万人に達した。「フェイクニュースの女王」と批判されつつも、彼
女は2017年には大統領府報道班補佐官に任命され、ドゥテルテを攻撃するフェ
イクニュースと戦うと誓った[15]。

　ウソンらは自らのフォロワーにドゥテルテ派のページを相互リンクさせる
ことで、アルゴリズムを利用してそれらの記事がニュース・フィードでトッ
プに来るようにした[16]。ラップラー社はソーシャルメディアにおけるフェイク
ニュースや荒らしのデータを集積し、分析を行った。それによると、偽アカウ

ント使用者が400以上のグループとページを相互リンクさせつつ活動しており、政敵や主流メディアを攻撃するメッセージを1日数千回から数万回も発信していた[17]。

　こうした組織的な情報操作があった一方で、ドゥテルテ陣営で指揮をとった者らは人々の自発的な応答と参加があったことを強調する。そのうちの一人ポンピー・ラヴィニャは、最も反響を呼んだ感情は「怒り」だったと語る。ドゥテルテが「麻薬密売者を殺してマニラ湾に沈め、魚を太らせてやる」などと罵るのに合わせて、怒りの矛先を示した投稿をソーシャルメディアにばら撒くと、あっという間に広まっていったという。総指揮を担った戦略家ニック・ガブナダも、自分たちは話題の種を提供しただけで、情報は「有機的」かつ「ボランティア主導」で拡散していったと主張する[18]。

　こうしたドゥテルテ陣営の戦略家による説明を、組織的な情報操作への関与を否定するための言い訳にすぎないと退けることもできよう。だが、ソーシャルメディアを通じて、彼らと一般の人々との間で一種の相互作用が生じたことは間違いない。彼らはドゥテルテの言動を観察しつつ、人々の共感と共鳴を呼ぶであろうテーマを、ソーシャルメディアへの投稿を通じて模索していったに違いない。そして、いくつものトピックのなかから特定のテーマに多くの反響や支持が集まると、戦略家も、偽アカウント使用者も、ドゥテルテ自身もそのテーマを繰り返し強調していったはずだ。いわば、フェイクニュースもドゥテルテの演説も、こうしたソーシャルメディアにおける相互行為のなかで練り上げられ、つくられていった言説である。そう考えれば、一般民衆は、ドゥテルテのポピュリズムやフェイクニュースに一方的に操られた被害者というよりも、むしろそれらをつくり上げた共犯者といえよう[19]。

「怒り」の操作と共鳴

　では、どのような「怒り」がソーシャルメディアで共鳴を呼び、操作され、ドゥテルテ政治を正当化する役割を果たしたのだろうか。

　第一に、ピープル・パワー物語を語る者らへの反逆というテーマがある。DDSは人権などの規範でもってドゥテルテを批判する者らを、アキノ家のシンボル・カラーになぞらえて「黄色に塗られた奴ら（*dilawan*）」や「黄色バカ

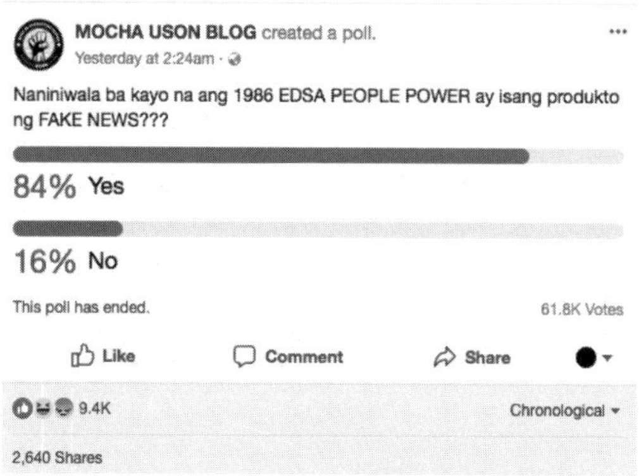

図3．ピープル・パワーがフェイクニュースか問う投稿

出所：Mocha Uson Blog（2018年2月25日）https://www.facebook.com/Mochablogger/
posts/10156335785651522?__tn__=-R（2019年12月16日アクセス）

（*yellowtard*）」と嘲る。アキノ家は国民を指導する高い道徳性を持つかのように
振る舞いつつ、人々を搾取する偽善的エリートの象徴であり、彼らこそがフェ
イクニュースの張本人だというのである。モカ・ウソンはフォロワーにこう
呼びかけた。「忘れないで。黄色に塗られた奴らが、ドゥテルテを追放するた
めに広告企業に雇われて組織されている。彼らに対抗するため私たちは連帯し
よう」[20]。2018年2月、ピープル・パワーの32年周年記念日に、彼女が「ピー
プル・パワーはフェイクニュースの産物だと信じますか」と尋ねる世論調査を
フェイスブック上に作成したところ、わずか1日で6万1800票が入り、そのう
ち84％が賛同を示した（図3）。彼女は「フィリピン・スター」紙のコラムでも、
「メディアや教科書では、ピープル・パワーに関する出来事すべてがアキノ家
に有利なように書かれている」と批判した[21]。

　こうした言説は、ピープル・パワー物語を転覆せんとするドゥテルテ政権の
歴史修正主義を正当化する役割を果たしている。これまでにもドゥテルテは、
独裁者フェルディナンド・マルコスの英雄墓地への埋葬を認め、民主化を祝う
ピープル・パワー革命の記念式典を欠席し続け、「何人たりとも愛国主義を独
占することはできない」との声明を出してきた[22]。

　第二に、正義の不在に対する怒りというテーマも共感を呼んだ。ウソンも
ドゥテルテを支持するのは、父の死にいまだ正義がもたらされていないからだ
と強調する。彼女の父は地方裁判所判事だったが、2002年に死の脅迫を受け
て殺害された。2016年2月選挙戦の熱が高まるなか、彼女はフェイスブックに
こう投稿した。

　　　正義を施行する裁判官にさえ、政府が保護と正義を与えないのならば、一
　　般庶民はなおさらひどい状況のなかにいるはずです。私の父を殺した最大
　　の容疑者は、強力な地方政治家でした。父の死からこの10年間で、この
　　国では少なくとも200人の弁護士と裁判官が殺されています。もう耐えら
　　れません。目覚めてください！　私たちの国における犯罪の継続的な増加
　　は、いまや誰もが憂慮する問題です。愛する者に何か悪いことが起きるま
　　で、私たちは目覚めないのでしょうか。私たちには断固たる強力な大統領
　　が必要です。この国の犯罪者を処罰するのには鉄拳が必要です。勇敢で私
　　たちの国に心からの憂慮を抱く大統領が必要です。そして、それはドゥテ
　　ルテにほかならないのです！[23]

　第三に、麻薬戦争を批判する勢力への敵意が猛威を振るった。レイラ・デリ
マ上院議員は、ドゥテルテのダバオ市長時代より彼の超法規的殺害への関与
疑惑について捜査し、激しく対立してきた。その結果、「デリマは麻薬王の守
護聖人だ」といった根拠の不確かな情報や、本人のものではない加工された偽
セックス・ビデオが出回るなど、性的嫌がらせを伴う激しい攻撃に晒された。
ドゥテルテ自身も「もし自分がデリマだったら首をくくっているだろう」と、
これに便乗した攻撃を行った。やがて「＃レイラ・デリマを逮捕しろ」キャン
ペーンが展開されるなか、本人の否認にもかかわらず、麻薬密売への関与の嫌
疑をかけられて逮捕された。
　麻薬戦争を批判するメディアも同様の攻撃に遭った。DDSによると、主流
メディアは、伝統的エリートやアメリカに金で操られて偏向報道をばら撒き、
ドゥテルテの失脚を狙っているというのだ。ドゥテルテ自身も、とりわけ麻薬
戦争を強く批判するラップラー社に対して、大統領府での取材を記者に認めな

い、外国資本によるメディア所有を禁じる憲法に違反した疑いで認可を取り消すと脅す、社主のマリア・レッサを逮捕する（保釈金支払いのうえ、即日釈放）といった嫌がらせを繰り返した。ソーシャルメディア上では、レッサに対して「売春婦め、この国を去れ」「お前をレイプして殺してやりたい」といった脅迫メッセージが1時間に90通も届いた。彼女のフィリピン国籍剥奪を求める署名運動には、在米フィリピン人も巻き込んで4万人以上が署名した。

　ウソンは、「メディア売春婦（Presstitutes）」との造語をフェイスブックに投稿して、既成メディアを批判した。

　　私たちが頻繁に使用する新しい用語よ。だから定義を理解してね。
　　「メディア売春婦」：個人レポーター、ニュース・アナウンサー、ニュース会社を問わず、中立な報道をしていると言いつつも、実際には大企業の政治団体など誰かの目的のためにニュースを仕立て上げている者たち。

　この投稿は12万6000のリアクションを呼び、6万1000もシェアされた。もっとも、これらは自発的な反応ばかりではなかった。ラップラー社の分析によると、偽アカウント使用者のグループページでは、1日で数千から数万回も「メディア売春婦」「不正に金で雇われた（bayaran）」「偏向報道（bias）」という言葉を使った投稿が行われた[24]。たとえば、ドゥテルテ陣営のピーター・ティウ・ラビナは、殺害された少女と嘆き悲しむ母親の写真に添えて、「メディア売春婦」の言葉を含むメッセージをフェイスブックに投稿した。

　　きわめて不快だ。9歳の少女が強姦され殺害されたが、政府による反麻薬・反犯罪戦争を邪魔する人権主義者、司教、売春婦メディアは、この残虐行為を何も批判しない。彼らは犯罪者の人権と、海外での我が国の「体裁」ばかりを気にしている。彼らは明らかにエリート主義者で、流行りを追いかけて見かけはよくしようとするが、中身は腐っている。なんてこった。麻薬と犯罪に対する我々の正しき戦いは、激しく情け容赦ない。我々は悪魔そのものと対峙しているからだ。我々自身が敗北し破滅させられないためには、妥協したり隙を見せたりするわけにはいかないのだ。

　この投稿には、4万3000件以上のリアクションがつき、5000件近いシェアが行われた。だが、これは2014年にブラジルで起きた殺人事件の写真だった[25]。

「義賊」ドゥテルテの社会構築

　ソーシャルメディアでは、こうした怒りを反転させたものとして、ドゥテルテに救済への希望を見出す言説が流通した。その特徴は、ドゥテルテを暴力と温情で正義を実現するアウトローの「義賊」とみなすことである[26]。

　18世紀の西洋では、近代国家と資本主義の浸透によって伝統的な社会秩序が破壊されるなか、生活を脅かされた民衆が、国家に服従しないアウトローに道徳的意味を託すことで義賊は生まれた[27]。フィリピンにも、暴力が吹き荒れた植民地期や戦後の混乱期に活躍した義賊の武勇伝が豊富にある。彼らは、権力者からの抑圧から野山に逃れ、不死身のお守りを手にして超人間的な力を得て、警察や軍隊、他の盗賊団たちと戦った。そして正義の喪失が強く認識された混乱期に、国家の法に代わる秩序を提供したことで、民衆からの支持を得たのだ[28]。

　ただし、義賊の一部は独立運動にも身を投じた一方で、その多くは社会変革の唱道者ではなかったし、私兵団として地方エリートと協働する者も少なくなかった。しかも、義賊の秩序は暴力的かつ家父長的である。カビテの盗賊ナルドン・プティックは後に映画化されたが、この映画のなかで、ナルドンは民衆を苦しめる水牛泥棒を死んだ水牛の内臓のなかに突っ込んで懲罰した。実際のナルドン・プティックも映画の主人公も、各地に複数の妻を持ち、その不死身の力を活発な精力によって示した。義賊映画では、男性の義賊集団による活躍と同時に、家族を失ってむせび泣く母や、英雄的な夫を待ち続ける妻といった女性の無力さが描かれた。

　現代政治では、大衆映画で義賊を演じた俳優のなかから政界に進出する者が現れた。エストラダは、有名な強盗アション・サロンガを演じて人気を博し、大統領にまで登りつめた。ナルドン・プティックを演じたラモン・レヴィリャ・シニアは上院議員を12年務めた。このように、政治に義賊的な人物が希求されるのは、法は所詮エリートのためにすぎず、法を恐れぬアウトローでないと、この国は変えられないという認識が受け継がれてきたからである。ドゥテルテの合法性を超えた正統性も、この文脈において理解できる。ただ

し、かつての義賊が民話やバラッド、大衆映画でつくられたのに対して、「義賊ドゥテルテ」のイメージはソーシャルメディアで構築された。

2016年大統領選挙に関する現地調査では、大学教員、弁護士、モールの販売員、スラム住民など、あらゆる人々が、ダバオ市長としてドゥテルテが行ったさまざまな逸話を嬉々として話し、彼を「民衆の英雄」のようだと語るのを経験した。情報源はフェイスブックだという。印象的だったものをいくつか挙げてみたい。

(1) ダバオで麻薬をやって逮捕された人は、ドゥテルテからひどく怒られるけど、「もう二度とやるなよ」と、釈放されるときに1万ペソの小遣いをもらえる。でも3回目に逮捕されたら、すぐ殺されてしまう。

(2) 土地シンジケートが、空き地の偽造証書を貧しい不法占拠者たちに月250ペソで買わせた事件があった。ドゥテルテは牢屋に捕えられた犯人を訪れて、テレビカメラの前でその偽造証書を食べさせた。政府の人権委員会に批判されると、彼は「奴らはガムを嚙んでいただけだ」と答えた。

(3) ドゥテルテが、深夜にタクシーを運転してパトロールしているのを見かけたことがある。彼はタクシーの運転手を狙った強盗犯を探していたらしい。拳銃の撃鉄は挙がっていて、彼は本気で殺そうとしていた。

(4) 自分の娘をレイプした男に激怒し、ヘリコプターに乗せてそのまま海に突き落とした。また、レイプされて殺された女児がいた。怒り狂ったドゥテルテが、3日以内で正義を届けると家族に約束。捕まった犯人は逃亡を図ったところ殺された。

(5) ドゥテルテは、禁煙条例を破ってレストランでタバコを吸っているアメリカ人を見かけて、拳銃を抜き、こう言った。「お前には3つの選択肢がある。股間を撃ち抜かれる。投獄される。そのタバコを飲み込む」。彼はあわてて、タバコを口のなかに放り込んだ。

(1)はフェイクだ。(2)は事実で、GMAネットワーク社のニュース番組をユーチューブでも確認できる[29]。(3)について、ドゥテルテが夜にタクシーに乗ったことがあるのは事実らしい。たとえば2013年8月、31歳の女性がタク

図4．ドゥテルテが犯罪者をひたすら殺していく携帯ゲーム
出所：Duterte Fighting Crime 2（2019年12月16日アクセス）

シーを呼ぶと、ドゥテルテが運転していた。彼女は運転席でほほ笑む彼の写真を撮ってフェイスブックにこう投稿した。「スクープ！　タクシーを狙う強盗たち！　強盗をする前によく考えなさい。このタクシーに出くわすかもよ。天罰を受けるわ！」これは、瞬く間に数千もシェアされた[30]。（4）のような暴力への関与は、ドゥテルテ本人もほのめかしていることだが、情報の真偽は不明だ。（5）は、ドゥテルテと同盟を組む政治家がフェイスブックで投稿したことで広まった。ただし、最初の投稿では禁煙条例を破ったのはフィリピン人だったので、話が拡散するなかでアメリカ人に置き換えられたようだ。なおドゥテルテは、のちにタバコを飲み込ませたのは本当だが銃を向けてはいないと語った[31]。

　これらの言説は一種の「都市伝説」で、ユーモアと虚実を織り交ぜながら、法の外部で温情と暴力によって民衆の正義を実現する家父長的リーダーという義賊像を表象している。このイメージをつくり上げたのは、ソーシャルメディアにおけるフェイクニュースと人々の相互作用である。人々はフェイスブックで目にした非常に多く情報のうちから、とくに共感したものを記憶し、オンラインでもオフラインでも家族や友人へと伝えていく。その過程で人々のさまざまな不満や希望が投影され、都市伝説の逸話は少しずつ書き換えられ、ますます人々の共感を呼ぶものになり、義賊ドゥテルテのイメージを確立していっ

た。そして、そのイメージは携帯ゲーム、マンガ、子供の遊ぶメンコの絵柄にまであふれ出していった（図4）。

5. ドゥテルテによる「例外状態」の政治利用

このように、ソーシャルメディアでは、新自由主義のもとで生まれた新たな「善き市民」と、ドゥテルテの義賊的ポピュリズムが、偽情報も含む「怒り」の言説を接点に共鳴した。その結果、ドゥテルテは、「善き市民」を救うためとして、1万人を超えるともされる麻薬関係者への超法規的殺害さえ正当化される「例外状態」を生み出すことに成功した。

もっとも、義賊的なリーダーが国家機構の頂点を奪取したのは矛盾に思える。義賊にとって国家はそもそも天敵である。また、義賊が属人的な非公式の秩序でもって人々を支配するならば、国家は非属人的な公式の法の支配で統治するからだ。この矛盾をはらんだ融合が可能になったのは、まず、国家建設の進展に伴い、義賊的人物にとって国家と戦うよりも、国家の諸制度を奪取したほうが支配と正統性の確立に有効になったからである[32]。次に、アガンベンが論じたように、近代国家は恣意的に法の執行を停止する能力をもともと有しているので属人的支配とも融和しうる。それゆえ、義賊的人物による近代国家の乗っ取りによって、例外状態における統治が可能になり、多数派となった新たな「善き市民」は、彼らを苦しめるエリートや犯罪者の巣くう既存の自由民主主義政治に代わるものとして、これを支持しているのだ。

ドゥテルテ自身は、この状況を既存の権力構造の転換に利用しようとしているようだ。前アキノ政権で主導権を握った伝統的エリートは、20世紀初頭のアメリカ支配期に巨大プランテーション経営とアメリカへの砂糖輸出を通じて利権を確立させた。これに対してドゥテルテは、民主化以降の経済自由化を契機にダバオなどで台頭してきた地方の華人系財界人と中国との関係を重視している。ドゥテルテ自身は、「マニラ帝国主義の破壊」「フィリピン・ナショナリズムの完遂」という信念に基づいて、主流派エリートの駆逐に取り組んでいるようだ。2019年中間選挙におけるドゥテルテ派の完勝は、この目論見がある程度成功しつつあることを示している。

だが、「例外状態」における統治は脆弱さも内包している。第一に、「悪しき他者」をいくら排除しても、「善き市民」を苦しめる複雑な構造的問題を解決できるとはかぎらない。第二に、強権的リーダーシップは、「強い国家」の建設という掛け声とは裏腹に、国家制度を無視してさらに弱体化しうる。最後に、「善き市民」を救うという義賊的道徳への信頼が失われれば、支配の正統性も深刻に損なわれかねない。実際、中国船によるフィリピン漁船の転覆事件や、違法滞在中国人の増加などを背景とする反中感情の高まりは、ドゥテルテの足をすくいかねない。

6. おわりに

「例外状態」の暴力を停止させるためには、フェイクニュースの規制も有効だろう。実際、状況を憂慮するメディアからの度重なる働きかけにより、2019年中間選挙前には、フェイスブック社もドゥテルテ派のフェイクニュースを拡散してきた数百ものグループや偽アカウントを閉鎖した。だが、こうした規制を回避すべく、戦略家はフェイクニュースをより巧妙に小規模アプローチで拡散するようになってきた[33]。たとえば、特定の趣味やトピックについて情報を共有したり、地域ニュースを配信する非公開のグループページや、特定のテーマでフォロワーを集める中小規模のインフルエンサーを介して、偽情報を配信するのである。非公開のグループページは、プライバシー保護の観点から、ファクトチェックの対象にもなりにくい。

また、新自由主義のもとでストレスを抱えた「善き市民」が有権者の多数派となったいま、いかに「悪しき他者」の排除を訴えるポピュリズムの高まりを抑えることができるのか、というより根源的な課題もある。確かに、今日の「例外状態」は、ドゥテルテの任期が終わる2022年で一段落するだろう。しかし、ドゥテルテ支持を支えてきた「規律」による「悪しき他者」の排除というポピュリズムへの共鳴が衰える気配はない。

たとえば2019年選挙でマニラ市長に当選したイスコ・モレノは、混雑した路上から露天商を強制排除したり、夜間に外出する10代の若者らを数百人も補導して、ソーシャルメディアで絶賛されている。暴力やフェイクニュースを

伴わない点で、ドゥテルテ政治よりもはるかにスマートだが、「規律」による「悪しき他者」の排除が共感を呼ぶ点で連続性がある。モレノを将来の大統領候補へと期待する声が高まり、政党の再編も始まっている。彼の成否はともあれ、ソーシャルメディアでは、新自由主義下でストレスを抱えた「善き市民」と「悪しき他者」の排除を訴えるポピュリズムの共鳴が今後も続くことは間違いないだろう。

注記 ─────────────────────────────

(1) Demie Dangla, "How social media is shaping the 2016 elections," *ABS CBN News*, 22 April 2016. https://web.archive.org/web/20180422224044/http://news.abs-cbn.com/halalan2016/focus/04/22/16/how-social-media-is-shaping-the-2016-elections.

(2) Social Weather Station, "Second Quarter 2019 Social Weather Survey: Pres. Duterte's Net Satisfaction rating at New Record-High "Very Good" +68," 8 July 2019. http://www.sws.org.ph/swsmain/artcldisppage/?artcsyscode=ART-20190708142248.

(3) Mark R. Thompson, "Bloodied Democracy: Duterte and the Death of Liberal Reformism in the Philippines," *Journal of Current Southeast Asian Studies* 3, 2016, pp. 39-68; Walden Bello, "Rodrigo Duterte: Fascist Original," in Nicole Curato ed., *A Duterte Reader: Critical Essays on Rodrigo Duterte's Early Presidency*, Ateneo de Manila University, 2017, pp. 39-68; Richard Javad Heydarian, *The Rise of Duterte: A Populist Revolt against Elite Democracy*, Singapore: Palgrave Pivot, 2018.

(4) 日下渉『反市民の政治学──フィリピンの民主主義と道徳』法政大学出版会、2013年、pp. 39-41。

(5) 山崎望「二一世紀に自由民主主義体制は生き残れるか──正統性の移行と再配置される暴力」『国際政治』194号、2018年、pp. 14-28。

(6) ジョルジョ・アガンベン、上村忠男・中村勝己訳『例外状態』未來社、2007年。

(7) 永野善子「フィリピン・ドゥテルテ政権のゆくえ──その社会経済的背景と問題点」『神奈川大学アジア・レビュー』6号、2019年、pp. 114-122。

(8) 日下渉「ドゥテルテと共鳴する『善き市民』──フィリピン西レイテおける災害・新自由主義・麻薬戦争」『アジア研究』2020年（出版予定）。

(9) ジェームズ・C・スコット、高橋彰訳『モーラル・エコノミー──東南アジアの農民叛乱と生存維持』勁草書房、1999年。

(10) NapoleonCat.com, "Facebook users in Philippines: January 2019," 2019. https://napoleoncat.com/stats/facebook-users-in-philippines/2019/01.

(11) Social Weather Station, *ibid*.

(12) Craig Silverman, "The Philippines Was A Test of Facebook's New Approach To Countering Disinformation. Things Got Worse," *BuzzFeed News*, 7 August 2019.

(13) Jonathan Corpus Ong and Jason Cabanes, "Architects of Networked Disinformation: Behind the Scenes of Troll Accounts and Fake News Production in the Philippines," *The Newton Tech4Dev Network*, 2018.

(14) 2016年選挙におけるドゥテルテ陣営のソーシャルメディア戦略については次を参照。 Lauren Etter, "What Happens When the Government Uses Facebook as a Weapon?" *Bloomberg Businessweek*, 7 December 2017. https://www.bloomberg.com/news/features/2017-12-07/how-rodrigo-duterte-turned-facebook-into-a-weapon-with-a-little-help-from-facebook; Davey Alba, "How Duterte Used Facebook To Fuel the Philippine Drug War," *BuzzFeed News*, 4 September 2018. https://www.buzzfeednews.com/article/daveyalba/facebook-philippines-dutertes-drug-war; Ong and Cabanes, *ibid.*; BBC Trending, "Trolls and Triumph: A Digital Battle in the Philippines," *BBC*, 7 December 2016. https://www.bbc.com/news/blogs-trending-38173842; Paige Occeñola and Gelo Gonzales, "PH Company Banned by Facebook Spread Lies, Used Fake Accounts," *Rappler*, 11 January 2019. https://www.rappler.com/technology/social-media/220741-facebook-remove-trending-news-portal-twinmark-media-enterprises; Cabanes and Cornelio, 2017; Jason Cabanes, C. W. Anderson and Jonathan Corpus Ong, "Fake News and Scandal," in Howard Tumber and Silvio Waisbord eds., *The Routledge Companion to Media and Scandal*, London: Routledge, 2019, pp. 115-125.

(15) しかし翌年、批判の高まりにより辞任を強いられた。2019年選挙で下院議員選に落選した後、労働雇用省海外労働者福祉局の副局長に任命された。

(16) Maria Ressa, "Propaganda War: Weaponizing the Internet," *Rappler*, 3 October 2016. https://www.rappler.com/nation/148007-propaganda-war-weaponizing-internet; Maria Ressa, "How Facebook Algorithms Impact Democracy," *Rappler*, 8 October 2016. https://www.rappler.com/nation/148007-propaganda-war-weaponizing-internetRessa.

(17) Chay F. Hofileña, "Fake Accounts, Manufactured Reality on Social Media," *Rappler*, 9 October 2016 (updated on 6 February 2019). https://www.rappler.com/newsbreak/investigative/148347-fake-accounts-manufactured-reality-social-media; Rappler Research Team, "Press Freedom after 2 Years of Duterte," *Rappler*, 29 June 2018. https://www.rappler.com/newsbreak/investigative/206017-attacks-against-philippine-press-duterte-second-year.

(18) Alba, *ibid.*

(19) カリスマと一般民衆の相互関係については以下を参照。ジェームズ・C・スコット、清水展・日下渉・中溝和弥訳『実践 日々のアナキズム──世界に抗う土着の秩序の作り方』岩波書店、2017年。

(20) Mocha Uson Blog (September 12, 2016).

(21) Mocha Uson, "Is EDSA 1986 a Product of Fake News?" *Philippine Star*, 6 March 2018.

(22) Pia Ranada, "Duterte on EDSA anniversary: No Group has Monopoly of Patriotism," *Rappler*,

24 February 2017.

（23） Miriam Grace Go, "Mocha Uson supports Duterte: This is What She's Talking About," *Rappler*, 8 February 2016. https://www.rappler.com/newsbreak/121708-mocha-uson-rodrigo-duterte-judges-killings.

（24） Rappler Research Team, *ibid*.

（25） *Ibid*.

（26） 日下渉「国家を盗った義賊——ドゥテルテの道徳政治」外山文子・日下渉・伊賀司・見市建編著『21世紀東南アジアの強権政治——「ストロングマン」時代の到来』明石書店、2018年。

（27） エリック・ホブズボーム、船山榮一訳『匪賊の社会史』筑摩書房、2011年；南塚信吾『アウトローの世界史』NHKブックス、1999年。

（28） Francis Gealogo, "Nardong Putik in the Genealogy of Tagalog Folk Heroes," in Roland Tolentino ed., *Geopolitics of the Visible: Essays on Philippine Film Cultures*, Quezon City: Ateneo de Manila University Press, 2000, pp. 96-105.

（29） GMA News, "Vice Mayor Duterte, Pinakain Ng Papel Ang Lalaking Nangolekta Raw Ng Upa Sa Lupang 'Di Naman Kanya," *GMA News*, 10 July 2012. https://www.youtube.com/watch?v=uC7uNnQ-bVA.

（30） Karlos Manlupig, "Davao's Duterte Drives a Cab," *Rappler*, 5 September 2013. https://www.rappler.com/life-and-style/technology/136-viral/37916-davao-mayor-drives-cab.

（31） Rappler, "Duterte Forces Smoking Tourist to Swallow Cigarette Butt," *Rappler,* 3 September 2015. https://www.rappler.com/nation/politics/elections/2016/104625-duterte-forces-tourist-swallow-cigarette-butt+70.

（32） John Sidel, "The Usual Suspects: Nardong Putik, Don Pepe Oyson, and Robin Hood," in Vicente Rafael ed., *Figures of Criminality in Indonesia, the Philippines, and Colonial Vietnam*, Ithaca: Cornell Southeast Asia Program Publications, 1999, pp. 70-94.

（33） Jonathan Corpus Ong, Ross Tapsell and Nicole Curato, "Tracking Digital Disinformation in the 2019 Philippine Midterm Election," *New Mandala*, 2019. https://www.newmandala.org/wp-content/uploads/2019/08/Digital-Disinformation-2019-Midterms.pdf.

治安部門のグッド・ガバナンス：
どうすれば軍を監視できるのか

木場紗綾

1. はじめに

　本章で扱うのは、ソーシャルメディアの普及と、軍を中心とした治安部門のガバナンスとの関係である。

　どうすれば、軍は暴力の濫用を控え、文民政治家の命令に従い、議会やメディアに対して適切に応答し、専門的な任務に集中するようになるのだろうか。

　ソーシャルメディアが普及し、異なる立場の市民が次々と自由な情報発信を行うようになれば、さまざまな意見が町にあふれ、人々は多様性に寛容になり、民主的社会が進展するという楽観的な見方がある。その一方で、ソーシャルメディアの普及は政府による規制を助長し、フェイクニュースの蔓延を招くとの意見もある。近年の東南アジア各国の政治状況を考えれば、強権的な当局が、軍や警察を利用して市民のメディア利用を規制するイメージ、あるいは、軍がソーシャルメディアを駆使して世論を操作するイメージを抱く人も多いかもしれない。

　しかし実は、東南アジアの軍は、最新の技術と、心理戦に長けた軍人の手腕を駆使しても、世論を思いどおりに導くことができずにいる。軍の側もソーシャルメディアの普及に大いに頭を痛めているし、文民政治家や市民社会の側も、ソーシャルメディアの効果的な使い方を探っている途上にある、というのが現実である。

　ソーシャルメディアの普及は必ずしも治安部門のガバナンス向上を促すわけではないし、軍の強権化も助長しない。これが、本章の主張である。なぜ、そうなのか。それを説明するには、「グッド・ガバナンス（good governance：よき

統治)」と「戦略的コミュニケーション（strategic communication)」という概念
が有用である。

　東南アジアの軍と社会との関係には、少なくとも2つの改革が必要である。
第一は、軍そのものの組織改革である。第二は、政府や市民社会が軍を適切に
監視し、統制することを可能とするグッド・ガバナンスの実現である。

　グッド・ガバナンスとは、1989年に世界銀行が初めて使用した概念であ
り、一般的には、途上国の行政能力の向上の基礎となる効率的な方針や制度を
指す。その範囲は非常に広く、たとえば経済協力開発機構・開発援助委員会
（OECD-DAC）は、核となる要素として、法の支配、公共部門の管理、汚職の
防止、過剰な軍事費の削減などを挙げている。これに加えて、自由で公正な選
挙、報道の自由、人権の尊重といった政治的な改革、行政の効率化や透明性と
いった経済的な改革も議論される。

　グッド・ガバナンスの指標とされるのは、政策の帰結としてのマクロ経済指
標の改善や貧困削減、汚職の減少のみではない。意思決定のプロセスにおける
市民の政治参加や議会の機能など、社会の多様なアクターが統治機構を監視し、
意見を述べられる制度があるかどうかが肝要である。ある程度の自由が保障さ
れる国においては、市民は選挙のみならず、さまざまな政治参加やメディアを
通じた情報収集によって、政治家や官僚の仕事ぶりを監視する。経済政策、教
育、保健といった市民が当然受けるべき基本的なサービスが適切に提供されて
いなかったり、あるいは政治家や省庁が予算を不正に使用したりすれば、市民
はそれを批判し、改善や補償を求める。適切な説明がなされない場合は、辞任
を要求したり、次回の選挙で当該の政治家に投票しないなどの制裁を与える。
メディアは政府に情報開示を求め、市民に情報を拡散し、政府に圧力をかける。

　ソーシャルメディアはまさにこうしたプロセスを活性化させる役割を果た
しうるのではないか、との見方もあるだろう。しかし、治安部門（Security
Sector）のグッド・ガバナンスは、そう簡単には実現しない。そもそもの国家
の統治能力が相対的に弱い東南アジア諸国においては、ソーシャルメディアの
普及は、ガバナンスをさらに不安定化させる可能性がある。

　本章では、軍のみ、市民側のみの事情ではなく、さまざまな主体の相互の情報
発信や受信に着目し、治安部門ガバナンスの様態を分析する。そのために、(1) 軍

を中心とした治安部門、（2）治安部門を統制・監視する立場の文民政府、（3）新旧メディアを含む市民社会、そして（4）新興民主主義国に特徴的な非国家武装勢力という4つのアクターに焦点を当てたうえで、以下のように議論を進めていく。

　まず、軍の側が一般にソーシャルメディアの活用にどのような戦略を有しているのか、それによって世論が操作される可能性はどれほどあるのかを論じる。安全保障分野で近年、注目を集めている「戦略的コミュニケーション」という概念を紹介し、政府と軍とが一体となって、国民や他国に対しての効果的なメッセージを発信するという観点から、ソーシャルメディアがどのように活用されているのかを説明する。

　次に、治安部門のガバナンスの構造を説明しながら、東南アジアの政軍関係の現状を論じる。そのうえで、ソーシャルメディアの登場が、政軍関係をどのように変化させるのかを検討する。

　最後に、文民政治家、軍、そして市民がそれぞれにソーシャルメディアを駆使して情報発信を図った稀有な事例として、2017年にフィリピンで発生したマラウィの戦闘を検証する。この戦闘をめぐっては、フィリピン政府と軍が一体となった戦略的コミュニケーションが意図した効果を上げた一方で、メディアは、約半年に及んだ軍の作戦の妥当性や、民間の死傷者や避難民の実態に関する批判的な報道を控えた。この事例から得られる教訓は、ソーシャルメディアの普及や市民による自由な情報発信が必然的に軍のアカウンタビリティ（説明責任）を向上させるわけではないということである。政府が軍と適切なコミュニケーションを行い、軍に対する監視を制度化し、専門家を育成し、軍がアカウンタビリティを果たさざるをえないような環境を整えることで初めて、ソーシャルメディアはグッド・ガバナンスに寄与する可能性を持つ。むろん、そこに至るまでの段階において、ソーシャルメディアを通じた自由で多様な議論は必要である。しかし、ソーシャルメディアに過剰に期待したり、軍によるソーシャルメディア利用を過度に警戒したりすべきではないだろう。

2. 軍にとってのソーシャルメディアと戦略的コミュニケーション

　今日の軍は、ソーシャルメディアをどのくらい戦略的に活用しているのだろうか。

安全保障研究には、戦略的コミュニケーションという概念がある。その定義や位置づけは国や地域によってさまざまであるが、端的にいえば「狙った相手に対して狙いどおりのメッセージを伝えること」を指す[1]。単に情報を発信するだけではなく、目的に合ったコミュニケーション戦略を立て、言語と非言語手段（軍事力を含む）を組み合わせて、敵や世論に対し、明確なメッセージを伝えることであり、それには政府と軍との密な協力が求められる。

　軍による情報発信は、軍の専門性に大きく依存する。サミュエル・ハンティントン*はその著書『軍人と国家』のなかで、アメリカを念頭に、文民政治家が安全保障政策を策定し、軍は専門性（軍事作戦や装備品に関する知識）に関する業務に専念すべきであると提唱した[2]。心理戦やサイバー・セキュリティの専門家を擁する軍は、コミュニケーションにおいても専門性を有している。政府が軍の専門性を信頼し、軍は十分な意思疎通を行うことが、戦略的コミュニケーションには不可欠である。

　次に示すのは、軍による戦略的コミュニケーションの一例である。

　2019年5月、アメリカ、インド、フィリピン、そして日本の4カ国が、南シナ海**において6日間の共同巡航訓練を実施した。この共同巡航訓練にはアメリカ海軍ミサイル駆逐艦「ウィリアム・P・ローレンス」、インド海軍ミサイル駆逐艦「コルカタ」、インド海軍補給艦「シャクティ」、日本の海上自衛隊護衛艦「いずも」「むらさめ」、フィリピン海軍フリゲート「アンドレス・ボニファシオ」が参加し、司令官同士がそれぞれの艦艇を行き来した。これは「見せるための」要素を含んだ軍事訓練である。「ソーシャルメディア映えする軍事訓練」と言い換えてもよい。4カ国の政府および軍には、この訓練の様子を一斉に発信することで、4カ国の軍事協力の深化を内外に知らしめ、そして中国を牽制したいとの明確な意図と作戦があった。

　図1は、フィリピン海軍からの映像提供を受けたフィリピン人ジャーナリストによるツイートであり、ほぼ同時に、図2のとおり、インド海軍報道官が同

---

*　民主化理論や政軍関係理論に多大な業績を残したアメリカの政治学者。
**　世界有数のシーレーンとなっている海域。中国、台湾、ベトナム、フィリピン、マレーシア、ブルネイがそれぞれに領有権を主張している。

図1.　フィリピン人ジャーナリストによる、4カ国共同巡行訓練についてのツイート

出所：https://twitter.com/michael_delizo/status/1126407111196303360?ref_src=tw
src%5Etfw%7Ctwcamp%5Etweetembed%7Ctwterm%5E1126407111196303360&ref_
url=https%3A%2F%2Fnews.abs-cbn.com%2Fnews%2F05%2F09%2F19%2Fph-us-japan-
india-navies-sail-together-in-disputed-south-china-sea
（2019年5月9日アップロード、2019年12月30日アクセス）

図2.　インド海軍報道官による4カ国共同巡行訓練についてのツイート

出所：https://twitter.com/search?q=%23indiannavy%20shakti%20may&src=typed_query
（2019年5月9日アップロード、2019年12月30日アクセス）

様の写真を投稿した。これらのツイートはフィリピンの大手TVニュース局[3]や、インドの主要TV局によって拡散された[4]。

　アメリカ海軍も公式ホームページで同訓練について写真を載せて発信しているが[5]、アメリカという超大国ではなく、アメリカや日本が提唱する「自由で開かれたインド太平洋」構想のアジアにおける主アクターである海洋国家フィリピンと、非同盟外交を貫くインドが、同時発信を行ったことに意味がある。

　両国とも、中国を名指しで批判することなく、公海である南シナ海で4カ国が派手な装備品を並べ、司令官らが仲よく手を組む写真を掲載している。これは、国際社会および中国を念頭に置いた戦略的コミュニケーションであると同時に、政府から自国民に対するメッセージも含んでいる。図1のフィリピン人ジャーナリストによるツイートには、「南シナ海で初めての共同巡行」という表現が含まれている。2019年5月当時、フィリピンでは、中国に宥和的な外交姿勢をみせるドゥテルテ大統領への国民の支持率は高いものの、南シナ海における海洋資源や環境の問題において中国に譲歩しすぎではないかとの不安が世論に表れていた。だからといって、アメリカのみに依存すべきではないとの見方も根強い。4カ国による共同巡行というニュースは、中国の軍事的影響力の高まりを懸念しながらも域外諸国との協力をもとにバランスのとれた外交を希求する東南アジアの小国の国民感情に合致する。

　インドも同様である。インドは独立以降、非同盟外交を貫きながら、主要国との全方位外交を展開し、近年では中国の「一帯一路」[*]を批判しつつ、「自由で開かれたインド太平洋」構想を支持し、法の支配の重要性を強調し、インド以東のアジア地域の秩序維持に関与していく姿勢を示してきた。軍によるこのような発信は、インド政府が、国内外にその外交方針と成果を明示的に見せる効果を持つ。

　このように現代においては、政府と軍とが見通しを共有し、「ソーシャルメディア映えする」映像と明確な論点・キーワードを発信することが、狙った相手に対して思いどおりのメッセージを伝えるうえで重要な意味を持つ。

---

　　*　習近平国家主席が2013年に打ち出した巨大経済圏構想で、アジアとヨーロッパを陸
　　　路と海上航路でつなぐ物流ルートを確立することを目指すもの。

3.　治安部門のグッド・ガバナンス──ソーシャルメディアによる軍の監視の限界

　とはいえ、東南アジアの軍は、欧米の先進国の軍に比べると、それほど巧妙な戦略的コミュニケーションを実施しているわけではない。世論が軍によって大きく操作されるような事例はきわめて限定的であろう。むしろ逆に、議員やジャーナリスト、市民によるソーシャルメディアでの発信が、軍のあり方に影響を与える可能性がある。また、東南アジアでは、文民政府と軍の意向や行動が必ずしも一致せず、軍が政府の意図と異なる発信をすることもある。さらに、軍に対する社会の猜疑心は、歴史的に強い。ソーシャルメディアが登場する前から、新興民主主義国における軍と社会の関係は緊張を帯びており、しばしば、過度の不信によるミスコミュニケーションが発生してきた。

　すべてに通底するのは、ガバナンスの問題である。すでに述べたように、グッド・ガバナンスの実現のためには、市民が政治参加を通じて政府を監視し、行政の非効率やサービスの偏重や不正の是正を促していくための制度が必要となる。

　軍、警察、司法といったいわゆる治安部門のガバナンスにおいては、監視の焦点は「軍が国民の安全を守ってくれるのか」よりもむしろ、「彼らが暴力を誤った方向に使用しないか」という点に当てられる。軍や警察は、国家が合法的に暴力を独占するための手段であり、軍は文民政治家の統制のもと、暴力を管理し、使用する。しかし、東南アジアを含む新興民主主義国では、民主化後、軍がその装備や人員を駆使して政治に介入し、時には文民政治家より優位な立場に立って恣意的に政策を誘導する例が後を絶たない。また、特定の政治家が特定の軍人らと紐帯を築いて軍を個人的に利用しようとしたり、軍が特定の市民を暴力的な手段で迫害・弾圧したりといったことも続いてきた。

　では、ソーシャルメディアの発達と普及は、治安部門全体のグッド・ガバナンスを促しうるのだろうか。

　図3は、スイスに本部を置く非営利機関「治安部門のガバナンスに関するジュネーブセンター（Geneva Centre for Security Sector Governance: DCAF）の提唱する、治安部門分野のグッド・ガバナンスの分析モデルである。根本にある

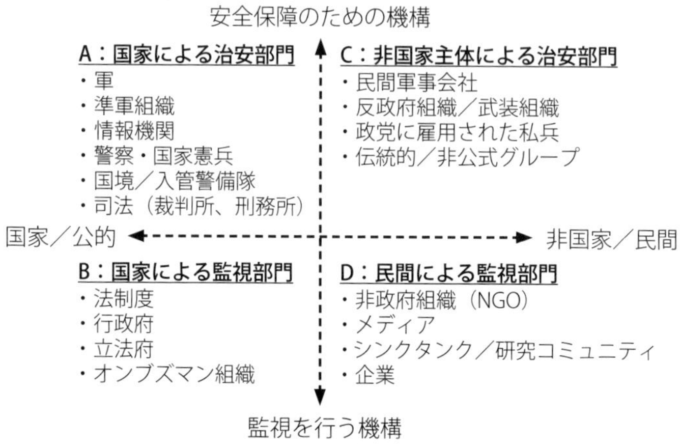

安全保障のための機構

A：国家による治安部門
・軍
・準軍組織
・情報機関
・警察・国家憲兵
・国境／入管警備隊
・司法（裁判所、刑務所）

C：非国家主体による治安部門
・民間軍事会社
・反政府組織／武装組織
・政党に雇用された私兵
・伝統的／非公式グループ

国家／公的 ←——————————————→ 非国家／民間

B：国家による監視部門
・法制度
・行政府
・立法府
・オンブズマン組織

D：民間による監視部門
・非政府組織（NGO）
・メディア
・シンクタンク／研究コミュニティ
・企業

監視を行う機構

図3. 治安部門のグッド・ガバナンスの概念図

出所：Geneva Centre for Security Sector Governance, *The Concept of Good Security Sector Governance*, 2019.

のは、国家主体と非国家主体、そして治安部門とそれを監視する部門が手を携え、互いに監視しながら暴力の濫用を防止し、市民に対する安全保障サービスを向上させるべきであるとの考え方である[6]。

　Aは、日本を含めた先進民主主義国家で想定される治安部門を指す。軍や警察、司法などの国家による法執行機関が市民生活の安全を保障する。

　Bは、これらを監視する政府機関である。選挙で選ばれた文民政治家が、法に則って、官僚機構を利用し、国防省や内務省、議会、そしてオンブズマン組織などを通じてAを統制・監視する。

　Cは、民間軍事会社など、「国家組織ではないが、時に暴力を行使して特定の市民の安全を守る組織」である。加えて、東南アジアの、たとえばフィリピンやインドネシア、ミャンマー、タイ、カンボジアなどには、国家からの許認可を受けずに安全保障に従事する非国家の武装組織が存在する。

　Dは、いわゆる市民社会である。ここには、NGOやメディア、研究者コミュニティ、企業など、政府の外にある民間の団体や個人が含まれる。

　先進民主主義国で想定される文民統制（シビリアン・コントロール）とは、Bが Aに暴力の行使を委託し、その働きぶりを監視し、そして、有権者である市民はDの制度・機構の活動を通じて、BとAの両方を監視するというものである。

　では、Cはどうであろうか。日本におけるかつての「反社会勢力」と同様、Cに含まれる非国家の武装組織は、時には一部の市民（高利貸しからの催促に悩む人々や、貧困ゆえに公有地を不法占拠せざるをえない貧しい市民、警察の摘発に怯えながら公道で商売をする露天商など）を一時的に庇護し、安全を提供する。しかし同時に、警察やライバル組織と抗争を繰り広げたり、正当な理由なく特定の市民を迫害したりと、公共の治安を揺るがしかねない一面も持ち合わせている。

　私兵、自警団、政治家のボディガード、マフィア、ギャングなどの形態をとるこれらの組織は、程度の差こそあれ、東南アジアに広く残存している。国家の安全提供能力が低い国や地域では、軍や警察は彼らを取り締まらないばかりか、時には彼らに協力を求める。そのため、これらのグループは社会の「必要悪」とさえみなされている。たとえばフィリピン国軍は、兵士を雇用する予算を削減するためにカフグ（CAFGU）と呼ばれる事実上のパートタイム兵士を雇用している。彼らは軍の装備品を自宅に持ち帰って管理することもある。フィリピンの最小行政単位であるバランガイには、バランガイ・タノッド（tanod）と呼ばれる自警団が設けられている。真面目に町内をパトロールするタノッドも多いが、拳銃を持ち歩いて住民を脅し、賄賂を請求するタノッドもいる。汚職警官らが彼らの情報網と引き換えに、武器や違法薬物を融通することもある。タイ深南部*では、軍は反政府勢力に対して心理戦を仕掛けるため、地元のマフィアやギャングを味方につけることがある。

　AやBから制度的に厳しく監視されているアメリカやイギリスの民間軍事会社とは異なり、東南アジアでは、AもBもDも、Cを十分にコントロールできないという現実がある。すでに述べたように、Aの統治能力が弱い場合、Aは「必要悪」であるCを制裁することはできない。Bもそれを黙認する。ある

* イスラーム教徒が多く居住するマレーシア国境近くの地域。

いは、Bで役割を果たすはずの文民政治家がCを私的なボディガードとして雇用し、Cの暴力に依存することもある。市民も、部分的にCに依存している。ギャング同士の抗争によって無実の市民が死傷するような事件が起これば、Bの各種政府機関やCの市民社会は真相追究のために行動を起こすかもしれないが、Cの存在を完全に否定することはできない。

治安部門のグッド・ガバナンスには、国家主体と非国家主体、そして治安部門とそれを監視する部門が手を携え、暴力の濫用を互いに監視することが必要である。しかし東南アジアでは、それが実現するための条件がなかなか揃わない。それは、ソーシャルメディアが登場してからも同じことである。その理由は、以下の3点から説明できる。

第一に、治安部門（図3のA）に対する他の国家機構（図3のB）からの信頼・監視が十分ではないため、安定したガバナンス以前に、相互のコミュニケーションがすれ違いがちである。

マレーシアとシンガポールを除く諸国では、独立後、軍が文民政府を差し置いて政治に介入する傾向が続いてきた[*]。1960年代には、共産主義勢力の活動が東南アジア全域に広がることを懸念したアメリカが各国の政治・経済・軍事に関与しようとした。アメリカの同盟国であるタイ、フィリピンでは、軍が警察に代わって共産勢力掃討の前線に立った。インドネシアでも、1965年の「9月30日事件」[**]以降、陸軍が共産党勢力への徹底的な弾圧を行ってきた。さらに70年代以降は、一党支配や寡頭支配を軍が下支えしたり（フィリピン、カンボジア、ベトナム、ラオス、インドネシア）、権威主義体制下で軍が私兵化し、地方の紛争に介入したり（フィリピン）、軍部が政権を担ったり（タイ、ミャンマー）といった歴史を経験してきた。

こうした背景から、文民政治家は、軍が文民政府を裏切るのではないかとの

---

[*] 植民地支配を受けなかったタイを除く東南アジアの軍は、独立過程に起源を持つものと、宗主国による植民地統治時代に育成されたものとに分けられる。独立期に軍が果たした役割が大きいインドネシアやビルマ（現ミャンマー）では、その後の国家建設と国家運営に軍が大きな役割を果たしてきた傾向がある。

[**] 1965年9月30日に起こったクーデター未遂と、その後のスハルト陸軍少将（当時）による、クーデター首謀者および共産党勢力の掃討作戦。

猜疑心を抱いており、国民も軍の中立性を疑っている。国家の指導者は、自分が軍を統制できているというメッセージを国民に発信しようとする。たとえば2013年には、タイの当時のインラック首相が、プラユット陸軍司令官とその他の軍司令官、副大臣、国防大臣との夕食の席上、「現時点では、司令官人事の異動は考えていない」と述べたのに対し、プラユット司令官が、「陸軍はクーデターを企てませんのでご安心ください」と答えたことが大手英字紙で報道された[7]。陸軍司令官が首相の面前でクーデターに言及し、そのことを首相顧問がメディアに語ることで社会への安心供与を図る、という構図である（なお、この陸軍司令官はそのちょうど1年後にクーデターを敢行し、首相の地位に就いた。また、クーデターの直前には、陸軍基地に戦車を並べて出動の準備をしている兵士の写真がソーシャルメディアに流出する事態も起こった）。

　このように、軍を信頼しない政治家、国民の人気を得たい大統領が、軍との調整なしに先走って記者会見を開いてしまう、ということは大いにある。軍人たちが、大統領のツイートを読んで驚く……という事態は、決してトランプ政権下のアメリカのみに起こりうることではない（いうまでもなく、このことは、戦略的コミュニケーションの弊害となる）。

　ソーシャルメディアがグッド・ガバナンスを促進できない第二の理由は、治安部門に対する市民の信頼の低さである。権威主義体制下での軍や警察、あるいは憲兵の政治介入、汚職、人権侵害などを目撃してきた市民は、軍と警察に対して厳しい目を向ける。住民は警察への不信を口にし、警察官の汚職を噂にし、メディアは軍のスキャンダルを報道する。ソーシャルメディアの全盛期である現代では、誰もがいつでも、軍や警察への不信を発信し、拡散することができる。共産党の一党支配体制をとるベトナムやラオス、あるいは権威主義的な性格の強いカンボジアやタイのような国では、報道の自由が保障されない、市民のソーシャルメディアの利用が制限を受けるといった情報統制が行われている。しかし、ある程度の自由度のもとでは、市民が軍への猜疑心を抱くあまりに、「陰謀説」ばかりが独り歩きすることになりかねない。

　第三の理由は、非国家武装組織がソーシャルメディアを駆使して市民の情報を攪乱するリスクが高いことである。欧米においては、とくに2001年の同時多発テロ以降の対テロ作戦のなかで、アル・カーイダやいわゆるイスラーム

国（IS）のような非国家武装勢力がユーチューブなどのソーシャルメディアを駆使して国家顔負けの情報戦を展開することへの危機感が高まり、さまざまな対策が講じられてきた。国際世論や国内世論を二分するような軍事作戦——とくに2001年からのアフガニスタン紛争や2003年からのイラク戦争、2008年のガザ紛争など——において、欧米およびイスラエルの軍は経験を積み、こうした非政府武装勢力に対峙できる戦略的コミュニケーションの手法を模索してきた。

　しかし、東南アジア諸国の軍は、ジャマーア・イスラミヤ*やアブ・サヤフ・グループ**など、国境を越える国際的なテロリストの育成・活動の場となり、爆弾テロなどの危険に晒されながらも、こうした組織との情報戦に対して、さほど資源を投じてこなかった。軍や警察の対テロ活動は、陸上でのゲリラ戦への対応や人心掌握のための開発事業（農村でのインフラ支援、紛争による犠牲者の家族への生計支援、遠隔地での教育など）を主としつつ、情報戦としては、地元のラジオ局を活用した発信や空中からビラを撒いて軍への協力とゲリラ兵の投降を呼びかけるなどの伝統的な手段をとってきた。これに対し、武装組織は、ソーシャルメディアを通じて資金やメンバーを募ったり、偽の情報を拡散して軍や警察の信頼を失墜させようと試みたりする。

4. ソーシャルメディアを通じた新展開？——フィリピン・マラウィの戦闘から

　このように、東南アジアでは、市民が治安部門に関心を持ち、選挙で選ばれた文民政治家を通じて軍や警察の役割を監視し、グッド・ガバナンスを支えるという帰結が、なかなか期待できない状況にある。

　本節では、軍と非国家武装組織が情報戦を戦うなかで、軍、政府、市民、メディアのソーシャルメディア利用が調和的に行われた事例として、2017年にフィリピンのマラウィ市で発生した、国軍と、ISに忠誠を誓うイスラーム武

---

　　*　インドネシアを主要拠点とするイスラーム武装勢力で、2002年にアメリカからテロリスト組織認定されるとほぼ同時に、国連制裁対象とされている。
　　**　フィリピンのスールー州およびバシラン州を拠点とするイスラーム武装勢力。

装勢力との間の戦闘を扱う。5カ月に及ぶ戦闘において、軍はISを想定した
ソーシャルメディア戦を展開し、現地に赴いたジャーナリストらも、ソーシャ
ルメディアを通じて情報を発信・拡散した。この事例は、(1) ソーシャルメ
ディアを通じた情報拡散が、かつてないほどに国民が軍を支持・称揚する流れ
をつくり、加速させたこと、(2) ソーシャルメディアによる情報交換は軍の活
動や報道発表の不透明さを浮き彫りすることができず、メディアや市民が戦闘
を批判的に検証するという動きも促進できなかったことを示している。

　2017年5月、ISに忠誠を誓う現地の武装勢力（通称、マウテ・グループ）がマ
ラウィ市で蜂起した。これは軍が、イスラーム武装勢力であるアブ・サヤフ・
グループの指導者でありISに忠誠を誓うイスニロン・ハピロンの捕獲作戦を
開始したことに端を発するものであった。銃撃戦の後、武装勢力は同日のうち
にマラウィ市を占拠した。ロシアを訪問していたドゥテルテ大統領は、ミンダ
ナオ島とスールー諸島に戒厳令を布告して即時帰国し、敵はISの一味である
と述べた。

　武装勢力は市庁舎や刑務所、大学、病院などを占拠して、民間人を人質に抵
抗を続けた。フィリピン政府は軍と警察の合同タスクフォースによる掃討作戦
を展開した。10月に国防大臣がマラウィ市内にてハピロンの死亡を確認した
と発表し、戦争終結宣言が発出されるまで、軍による空爆と市街戦を中心とし
た戦闘は5カ月に及んだ。軍は158名、警察は7名の殉職者を出し、後述のと
おり、一般市民からも約1000人の死者が出たといわれる。さらに、長期化す
る市街戦のために40万人以上の市民が国内避難民としての生活を余儀なくさ
れた。

　この戦闘における軍にとってのソーシャルメディアの重要性を示す写真が2
枚ある。一つは、戦闘終結後、マニラ首都圏にある英雄墓地（Libigan ng mga
Bayani）に建設された、165名の殉職者を祀る慰霊碑である。慰霊塔を囲む立
体壁画には、火器を使って戦ったり市民を救出したりする兵士と並んで、コン
ピューターを操る現代的な兵士の姿が刻まれている（図4）。もう一つは、英雄
墓地からほど近い陸軍博物館に設けられた、マラウィの戦闘に関する特別展で
ある。パソコンを部屋中に配置してソーシャルメディアを駆使している兵士の
写真や、フェイスブックの画面の写しが展示されている（図5）。

図4. フィリピン英雄墓地の慰霊碑
(2019年1月14日、筆者撮影)

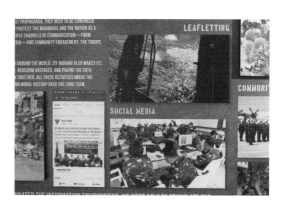

図5. フィリピン陸軍博物館の特別展
(2019年1月14日、筆者撮影)

　戦闘を取材した従軍ジャーナリストらは、軍は、正規の報道官を通じた広報にソーシャルメディアを駆使しただけでなく、従軍ジャーナリストによる情報拡散にも大いに期待していたと指摘する[8]。市街戦の展開されている場所に足を踏み入れることが困難ななか、軍は従軍ジャーナリストたちとラインやフェイスブックのグループをつくり、それらを通じて戦場の画像を共有した。そし

図6.「任務に感謝します」とのハッシュタグをつけた投稿
出所：フィリピンのネットメディア・ラップラーのフェイスブックページ
（2019年12月30日アクセス）

て、国軍報道官は戦闘の模様を逐次、投稿した。ジャーナリストらはそれらを
リツイートしたり、国軍報道官の投稿にハッシュタグを付けたりすることで現
場の情報を発信し続けたので、結果的に、メディアが軍の広報を強化し、下支
えする構造が生まれた。

戦闘の続く7月には、その時点で59名の兵士と3名の警察官が殉職したこと
を受け、国軍民生課は市民らに、前線の兵士への支持を呼びかけ、「我々の兵
士を支持しよう（Support Our Troops）」と印刷されたTシャツの販売を開始し
た[9]。このTシャツの写真は瞬く間に拡散され、メディアの側は「任務に感謝
します」とのハッシュタグ（#SalamatSaSerbisyo）*を生み出した（図6）[10]。

個々の兵士たちも、ソーシャルメディアを通じた発信に貢献していた。兵士

---

*　アメリカで慣用句化している兵士に対する感謝の辞 "Thank you for your service."
をタガログ語にしたもの。このフレーズは、マラウィの戦闘以前は決してフィリピ
ン社会に浸透していたわけではなかった。

らは遠く離れた家族からのラインのメッセージ画面を保存したり、スカイプ通話の様子を録画したりして、ジャーナリストらに見せたという。兵士らの人間味あふれるストーリーは、フェイスブックやツイッターを通じて次々と拡散された。戦闘終結後はこれらをもとに、兵士の生き方や戦い方を中心としたドキュメンタリー番組が何本も作成された[11]。大手テレビ局の従軍ジャーナリストによるドキュメンタリー作品『屈することはない (*Di Ka Pasisiil*)』[*]は、カンヌ映画祭ゴールド・ドルフィン賞を獲得した[12]。

　ある退役軍人は、戦闘の直後、中心となって戦った特殊部隊の兵士らの証言を書き起こし、『誰も置いていかない (*No Man Left Behind*)』という書籍[13]を出版した。そこには、兵士らが送り合った携帯電話のショート・メッセージの写真が掲載されている。ショート・メッセージが保存されていたおかげで、非常に緊迫した作戦において、何月何日何時何分のどの局面で兵士らがどんな指示を受け、どんなコミュニケーションを行っていたのかが生々しく伝わってくる。最期を覚悟した兵士が上官に遺した決死のメッセージも含まれている。もちろん、軍にとって都合の悪い情報は隠されている可能性があるが、兵士らがソーシャルメディアの通信記録を公開することは、軍が透明性に欠けるという市民からの批判をそらす効果をもたらした。

　大統領府と軍の報道ぶりも、例外的といってよいほどに歩調を合わせていたようにみえる。大統領は戦闘終結宣言までに計7回の現場視察を行っており、戦闘が激しくて訪問が叶わない折には、現場の兵士に向けて「あなた方の任務に感謝する。政府はあなた方を見捨てない」と呼びかけるビデオメッセージを作成し、市民に向けても放映した[14]。これらを受け、国軍広報官は記者会見の場で、「大統領の現地への訪問は兵士の士気向上につながるため大変ありがたい」との謝辞を述べている[15]。大統領が軍に信頼をおき、軍がそれに感謝して忠誠を誓う姿が、戦略的に国民に向けて発信された。ドゥテルテ大統領は就任直後から、国内の人権問題や南シナ海問題をめぐって、対米・対中外交の姿勢が軍部と異なるのではないかと指摘されてきた。それだけに、こうしたコミュニケーションは市民に、大統領は軍を統制しているという一定の安心を市民に

---

　[*]　このフレーズはフィリピン国歌の一節である。

供与する効果を生んだといえよう。

　しかし、鎮圧に5カ月を要し、一つの市を犠牲にし、軍と民間人の両方に多数の死者を出した大統領の判断と国軍の作戦がはたして正当であったのかという点は解明されていない。フィリピンでは過去に2回、国軍による不正行為を調査するための第三者による真相究明委員会が設置されたことがあるが、本件をめぐって同様の委員会による調査が実施される予定はない。国軍は、約1000人の市民の死亡が確認されたと述べつつ、そのほとんどは戦闘員であり、文民は50名に満たなかったと述べている[16]。一方でアムネスティ・インターナショナルなどの国際人権団体や一部ジャーナリストはこれに異を唱えており、より多くの民間人が殺害されたり行方不明になったりした可能性、家族が軍にテロ協力者と認定されることを恐れて名乗り出ないために曖昧にされている民間人の死者がもっと多く存在する可能性などを指摘している[17]。

　ではなぜ、通常は軍に批判的であるはずの市民やメディアから、批判が噴出しなかったのか。ISという国際テロリストに忠誠を誓う勢力への市民の恐怖が、軍への不信感を上回り、軍への依存度を高めたことも一因である。また、市街戦というかつてない設定において、議会が大統領と軍をどう監視するか、戦地における探査ジャーナリズム（investigative journalism）*はどうあるべきか、といった知見と経験がフィリピン国内においてほとんどゼロであったため、批判が起こりにくかったことも理由であろう。従軍ジャーナリストらは、珍しい市街戦を前に、かつてないほど軍への密着取材を行えるという環境に満足してしまい、せっかくソーシャルメディアというツールを手にしていても、批判的な報道を行うインセンティブを失っていたようにみえる。

5.　ソーシャルメディアによる暴力の監視に向けて

　本章では、（1）一定の表現・報道の自由が一定程度保たれている東南アジアのいくつかの新興民主主義国では、文民は軍に猜疑心を抱いており、軍がソー

---

　*　権力の監視を使命とし、権力者が隠しているかもしれない事実を追及しようとする報道姿勢。

シャルメディアを通じて人心を操るような事態は起こりにくいこと、（2）ソーシャルメディアの普及は決して治安部門のアカウンタビリティを高め、グッド・ガバナンスを促進するわけではないこと、を指摘した。

軍にその専門性を最大限に発揮させつつ、暴力の濫用を控え、透明性を保ちながら市民の安全を守らせるためには、次の3点を念頭に置いたソーシャルメディアの使用が拡大することが望まれるといえよう。

第一は治安部門の健全化と信頼向上のための制度改革である。軍の政治介入がほとんどみられないシンガポールやマレーシアを含め、東南アジア各国の治安部門ガバナンスにはさまざまな課題が残る。議会や汚職取締委員会、オンブズマンのような独立組織が、軍のどのような面をどのように監視すべきか、市民が軍の不正行為を発見した場合はどこに告発すべきか、といった手順を定める法的な枠組みが必要である。また、文民が軍の専門性を踏まえつつ、政府と軍の役割を明確化し、長期的な戦略を議論する国家安全保障会議のような機構も必要であろう。現在は法的枠組みが不十分であっても、制度を整えるまでの過渡期において、市民が軍への疑問を投げかけたり、軍と市民が対立したり、国家安全保障会議がそのリーダーシップを国民に示すべく明確な発信を行ったり、といった場（プラットフォーム）が、ソーシャルメディアを通じて機能する可能性はあるだろう。

第二に、上記のような適切な監視の制度を整えたうえで、探査ジャーナリズムを担える強い市民メディアが必要である。軍からの情報を鵜呑みにして発信することは論外であるが、軍に対する不信をいたずらに蔓延させることも、グッド・ガバナンスを阻害してしまう。すべての市民がジャーナリストのように情報を発信できる時代においては、流言やいわゆるフェイクニュースが飛び交うことは避けられない。しかし、実力のあるメディアが適切に機能していれば、そうした情報を精査し、議会やオンブズマン組織といった適切な国家機関に情報を届け、真の不正を制度に則って追及することが可能となる。

第三は、非政府武装組織、とくに国際的テロ組織による将来の情報戦に対する各国の備えである。東南アジア社会に伝統的に根付いてきた非政府武装勢力を一掃することは不可能である。それならば、先進民主主義国のように、武器の所持を完全に統制する、準軍組織や民間軍事会社を登録制にするなどして、

彼らを国家の治安部門の管理のもとに置くとともに、必要に応じて、彼らの悪意ある情報発信に対しては歯止めをかけなくてはならない。もちろん、治安部門の透明性を高めることと、国家が反政府武装勢力への規制を強化することは矛盾しかねない。反政府武装勢力がテロ組織であるとはかぎらないし、住民が軍よりも反政府武装勢力に信頼を寄せている地域もみられる。軍は自己改革を進め、市民からの信頼を勝ち得ながら、同時に、市民からの批判に応答し、治安機構としての能力を高めていく必要がある。

　ソーシャルメディアが普及すれば、文民の軍に対する監視能力がおのずと高まり、治安部門のグッド・ガバナンスが実現するというわけでは決してない。治安部門改革の長い「プロセス」にこそ意識的にソーシャルメディアを活用する、という視点が必要であろう。

注記

(1)　たとえば、Paul Cornish et. al., *Strategic Communications and National Strategy: A Chatham House Report*, 2011; 石原敬浩「米軍における"戦略的コミュニケーション"を巡る葛藤」『海幹校戦略研究』5-1、2015年、pp. 92-96; 石原敬浩「戦略的コミュニケーションとFDO──対外コミュニケーションにおける整合性と課題」『海幹校戦略研究』6-1、2016年、pp. 92-96を参照。

(2)　S. P. Huntington, *The Soldier and the State: The Theory and Politics of Civil-Military Relations*, Cambridge, MA: Harvard University Press, 1957.（サミュエル・ハンチントン、市川良一訳『軍人と国家』原書房、2008年）

(3)　"PH, US, Japan, India navies sail together in disputed South China Sea," *ABS-CBN News*, 9 May 2019. https://news.abs-cbn.com/news/05/09/19/ph-us-japan-india-navies-sail-together-in-disputed-south-china-sea.

(4)　"India Joins Naval Exercises by US, Philippines, Japan in South China Sea," *NDTV*, 10 May 2019. https://www.ndtv.com/india-news/india-joins-naval-exercises-by-us-philippines-japan-in-south-china-sea-2035538.

(5)　アメリカ海軍ウェブサイト "USS Ronald Reagan, JS Izumo Sail Together in the South China Sea," 12 June 2019. https://www.navy.mil/submit/display.asp?story_id=109886&utm_source=twitter&utm_medium=social&utm_content=100000753072083&utm_campaign=Fight.

(6)　詳しくは、Geneva Centre for Security Sector Governance (DCAF), *Security Sector Governance: Applying the Principles of Good Governance to the Security Sector (SSR Backgrounder)*, 2015 や、

DCAF, *The Concept of Good Security Sector Governance*, 2019 を参照。

(7) "No coup, Prayuth tells Yingluck," *Bangkok Post*, 27 May 2013.

(8) 本章に挙げたインタビューはすべて筆者による。方法論の詳細は、木場紗綾「兵士の殉職と社会の受容——フィリピンにおける軍と社会の情報伝達の変化」『国際協力論集』27-1、2019年、pp. 117-138を参照。

(9) "AFP selling 'Support Our Troops' shirts to boost Marawi soldiers' morale," *Rappler*, 19 June 2017.

(10) "#SalamatSaSerbisyo: Show your support for Marawi soldiers, cops," *Rappler*, 11 June 2017.

(11) 2019年1月10日、マニラ首都圏にて筆者インタビュー。

(12) "ABS-CBN's Marawi documentary wins Gold Dolphin in Cannes," *ABS-CBN News*, 28 September 2018.

(13) P. R. Fortuno, *No Man Left Behind: A Story of Valor in the Battle of Marawi* [Printed privately], 2018.

(14) "Duterte tells Marawi troops: I won't abandon you," *CNN*, 4 July 2017.

(15) "Duterte's recent visit to Marawi a show of support — AFP official," *Manila Bulletin*, 7 August 2017.

(16) "Marawi death toll breaches 1,000," *Rappler*, 11 October 2017. https://www.rappler.com/nation/184967-marawi-death-toll-over-thousand.

(17) Amnesty International, *The Battle of Marawi: Death and Destruction in the Philippines*, 2017.

第5章

ナジブ・ラザクとマレーシアの
ソーシャルメディアの10年（2008 ～ 2018年）

伊賀　司

1. はじめに

　近年、日本で注目されたマレーシア関連の政治ニュースといえば、2018年5月の総選挙を経て起こった史上初の政権交代のニュースと、政権交代によって世界最高齢の92歳で首相に就任したマハティール・モハマドのニュースであろう。とくに前者の史上初の政権交代をめぐってはマレーシア国内外のメディアや研究者の大半が事前に予想していなかったこともあって世界に大きな衝撃を与えた。

　とはいえ、2018年の政権交代の実現を1998年からの20年間の民主化の帰結としてみれば、史上初の政権交代は突然のものではなく、マレーシアの政治と社会が漸進的に変化するなかでの必然的な結果であったとみることができる。1998年とは、マレーシアにも飛び火した経済危機の最中に政治と社会の変革を求めるレフォルマシ（改革）運動が盛り上がり、政治が流動化していった年である。1998年からちょうど10年後の2008年には野党が1970年代以降初めて与党連合の国民戦線（Barisan Nasional: BN）の連邦議会議席の3分の2以上の議席獲得を阻止した。その後、野党は合従連衡を重ねながら2013年総選挙でも議席を増やし、2018年に政権交代に至った。

　こうしたマレーシアの20年間の政治の変動過程において、インターネット技術を利用したネットメディアは政党間競争と社会運動の組織化の側面で多大なる影響を与えるとともに、その発展過程もまた政治によって規定されてきた。筆者は、この20年間のマレーシアの政治変動の過程はネットメディア発

展の過程と軌を一にして展開してきたと考える。そこで本章が論じたいのは、マレーシアにおける1998年以降の政治変動とネットメディアとの間の関係史である。マレーシアではネットメディアは政治にどのような影響を与え、同時に政治はネットメディア（の発展）にどのような影響を与えたのか。本章ではこの基本的な問いに沿って議論を展開したい。序章での定義に沿って参加者の利用によって内容や利用法が変化していくメディアがソーシャルメディアだとすると、そのマレーシアでの政治的利用が注目され始めるのは、ブログが注目される2006年頃である。その後、2008年総選挙を経てフェイスブックやツイッターなどの民間企業が提供するSNSと政治との関係が本格化し始める。そこで本章では、2008年総選挙の少し前から2018年総選挙を経て政権交代が起こった10年程度の時間にとくに焦点を当てたい。

　本章は行論にあたり、ソーシャルメディアとの関係で注目されるアクターとして、政党と市民社会組織のほかに、マレーシアの第6代首相のナジブ・ラザクにも注目している。本章は、父親が元首相で大学卒業直後から将来の首相候補としての輝かしいキャリアを重ね、BN体制の中核的なエリート政治家として期待されながら、最終的には史上初の政権交代を引き起こしたナジブについて論じる論考ともなっている。

　以下では、マレーシア政治の節目の年である2008年、2013年、2018年の総選挙をメルクマールとして、その前後で起こった事件や政治的・社会的な文脈を紹介・整理しながらソーシャルメディアと政治との関係について論じていく。次節では2008年総選挙に至るまでのマレーシアの政治とメディアをめぐる状況を簡単に整理するとともに、2009年から首相となったナジブのもとでBNによるソーシャルメディアへのキャッチアップの試みが本格化したことを指摘する。第3節ではナジブ政権下でのネットを活用した社会運動や異議申し立てがどのように展開されたのかをみるとともに、2013年総選挙において野党がどのようにソーシャルメディアを利用したのかをみる。第4節では初の政権交代を引き起こした2018年総選挙での与野党のソーシャルメディア利用をみる。第5節では2018年の政権交代以降の動向として、ソーシャルメディアを通じたキャンペーンよってナジブが再び政治の表舞台に舞い戻ろうとする動きをみせていることを指摘する。

2. 2008年総選挙の衝撃とBNのソーシャルメディアへのキャッチアップ

　長年マレーシアを統治し続けた与党連合BNは、法律に基づく免許制度および与党や政府組織による株式所有を通じて、新聞や雑誌などの印刷メディアと、テレビやラジオなどの放送メディアを統制してきた。BNによる新聞やテレビの統制は選挙や通常の政治過程においてBN統治の安定性を支えてきた重要な要素であった。

　しかし、1990年代末のレフォルマシ運動が政治・社会改革を訴えたのと同じ頃からインターネット技術に基づくメディアの政治的利用が始まり、新聞やテレビを通じたBNのメディア統制は次第に揺らぎをみせ始める。1990年代末のレフォルマシ運動のなかで活発に使用されたのは、メーリングリストやウェブページであり、与党・政府批判やデモ情報の拡散に使用された。同時期の1999年には専門職のジャーナリストによる政治専門のウェブニュースサイトの「マレーシアキニ」が設立されている。「マレーシアキニ」は国際的なジャーナリズム賞を受賞し、マレーシアで2000年代に影響力を拡大していくウェブニュースサイトのパイオニアでもあった。

　この「マレーシアキニ」やその後にブームとなるブログを含め、マレーシアでの初期のネットメディアと政治との関係性に関して重要なポイントとなるのは、個人レベルでの情報発信を容易にするインターネットが本来的に持つ技術的特性に加え、政府が1996年に下した政治的決定である。当時の第一次マハティール政権は、インターネット関連の海外投資を呼び込む目的でネットメディアの検閲を行わないことを公約し、その後の政権も少なくとも公式の立場で非検閲方針を継続した。マレーシアにおいて少なくとも2008年総選挙までの10年あまりは、この非検閲方針がネットメディアの発展過程で決定的に重要であった。この政治的決定によってもたらされた印刷・放送メディアと比較したときの政府からの相対的自由がネットメディアの発展を大いに促進させた。

　2000年代に入ってレフォルマシ運動が沈静化した後、ネットメディアの政治的影響力に再び関心が集まるのは、2006年頃からである。2006年はソーシャルメディアの一種でもあるブログあるいは、それを通じて情報を発信するブロ

ガーと呼ばれる人々の動向が注目され始めた時期である。このとき、著名ブロ
ガーの見解が新聞で報道されたり、彼らの一部が主要な新聞と裁判で争うこと
になってネットメディアへの政治・社会的関心が再浮上することになった。ブ
ログおよびブロガーは、2007年に実施された選挙制度改革を求めるブルシ運
動の大規模デモについて政府・与党の統制下にある新聞やテレビとは異なる観
点から情報を拡散し、存在感を示した。

　こうした1990年代末からのネットメディアの発展を背景にしつつ実施され
た2008年総選挙では、本章冒頭で説明したようにBNが1970年代以来、初め
て連邦下院の3分の2の議席数を取れなかった。この選挙結果を受けて野党が
影響力を増すとともに、市民社会組織の活動も活発化し、マレーシア政治には
少なくとも2013年までは開放的な環境が登場することになる。この将来に続
く影響をもたらすことになった2008年選挙について、当時のメディアや研究
者の間ではBNの勝利が確実と事前に予想されていた。予想外の結果に困惑し
た当時のアブドゥラ首相はBN苦戦の原因について次のように述べた。

　　我々は確かにインターネットの戦争、サイバー戦争に敗れた。我々は新
　　聞、印刷メディア、テレビが重要だと考えていた。しかし、若者はSMS
　　（ショートメッセージサービス）やブログを見ていたのだ。[1]

　このアブドゥラの言葉が示すように、2008年総選挙までのBNは政治的コ
ミュニケーションの手段として新聞やテレビに大きく依存した政権運営をして
きた。2008年総選挙以前にネットメディアやSMSを有効に活用してきたのは、
与党だったBNではなく野党勢力であった。しかし、2008年総選挙による手痛
い勢力後退とそれを演出したとみられたネットメディアに対してBNは対策を
迫られることとなり、関与を強めていくことになる。2008年総選挙以降の政
治過程で野党勢力に対して遅れ気味であったネットメディアへの対策をBNの
なかで主導した人物こそが、2009年4月にアブドゥラの後を襲って首相に就任
したナジブであった。

　2008年総選挙での大幅な勢力後退の責任をとってアブドゥラが首相を退任
することを発表したときに、副首相のナジブがすぐに行ったのは自身のブログ

を開始させることだった。さらに2009年4月の首相就任と同時にそのブログを
発展させるかたちで、自分の政権のキャッチフレーズであった「ワン・マレー
シア（One Malaysia）」の名前を冠したウェブサイトをスタートする。そこにブロ
グ、ツイッター、フェイスブック、マイスペース、フリッカー、インスタグラム
などと連動させて積極的な情報発信を開始したのである。ナジブのソーシャル
メディアを通じた情報発信は、首相就任時から他の政治家と比較しても非常に
活発で先進的であった。なぜ、ナジブがソーシャルメディアでの発信にそれほ
ど力を入れていたのか。その最大の理由は2008年総選挙への反省である。アブ
ドゥラのコメントのとおり、BNは2008年総選挙に至るまで印刷・放送メディ
アに依存しすぎるあまり慢心し、野党や市民社会組織にネットメディアの戦争
で後れをとったとの意識がナジブには強くあった。そうした意識は首相就任後
に次第に強まり、「アラブの春」で中東が政治的に混乱した2011年には一つの
頂点に達したのであろう。2011年に与党連合BNの中核政党である統一マレー
人国民組織（UMNO）の年次総会での総裁演説でナジブは次のように語った。

> 私たちが目撃してきたチュニジア、エジプト、リビアやイエメン、同様に
> シリアでの抗議行動は、ソーシャルメディアから生まれています。私たち
> はこれらの国の指導者たちが、自分の国で起こっているストーリーを改竄
> しようと試みたものの、スマートフォン、ブロードバンド、ユーチュー
> ブによって、実際に起こった真実が語られたことを知っています。（中
> 略）望むか望まないかにかかわらず、あるいは好むか好まざるかにかか
> わらず、UMNOはニューメディアを制圧しなければなりません。なぜな
> ら、この瞬間にもソーシャルメディアには勝敗を決める力があるのです。
> ニューメディアには機会を均等にする力がありますが、そのように使われ
> なければ、そのまま競争を引き起こすものにもなりえるのです。UMNO
> 党員は党の生き残りのためにニューメディアを活用する方法を知らなけれ
> ばなりません。[2]

　ナジブが演説で権威主義体制を長期に続けてきた中東諸国の例を挙げたのは
示唆的でもある。政治学者の多数は、BNによる長期与党体制は権威主義的な

傾向の強い統治体制でもあったとみている。その観点からすれば、マレーシア
の事例は権威主義的傾向の強い既存の体制側が野党や市民社会組織に先行を
許していたネットメディアへのキャッチアップを図ろうとした興味深い事例で
あった。

　その一方で、ナジブ自身の政治指導者としての性質、および政治コミュニ
ケーション上の戦略がソーシャルメディアを通じた積極的な発信につながった
ともいえる。ナジブの父は第二代首相のアブドゥル・ラザクであり、大学卒業
後ほとんど時間をおかずに父の死によって政治家となって以降、常にUMNO
のなかで将来の首相候補と目されてきた。BN体制のなかで常に中核的エリー
トだったナジブだが、マレー・ナショナリストとして名を馳せたマハティール
や世界的にも知られた若手イスラーム指導者として首相就任の一歩手前まで
いったアンワル・イブラヒムと比べて、偉大な父であるラザクの息子としては
国民に認識されていたが、彼自身のイメージは希薄であった。それどころか、
首相就任前のナジブにはモンゴル人女性通訳の殺害やフランスからの潜水艦購
入にかかわる汚職に直接関与しているのではないかとの疑惑が浮上していた。
これらの疑惑は野党や著名ブロガーがソーシャルメディアを通じて拡散してお
り、新首相ナジブへの国民からの期待や評判が十分に高まっていたとはいえな
かった。

　したがってナジブは自身のイメージの管理について先代の首相たち以上に意
識せざるをえない状況にあった。そのナジブが首相就任とともに打ち出したイ
メージとは、エリート然とした姿ではなく、親しみやすく一般国民からの声
に積極的に応答する首相の姿である。ソーシャルメディアはこのナジブの戦略
を実現するための必須のツールであった。ナジブはブログやツイッターを頻繁
に更新するとともに、書き込まれたコメントに対してユーチューブの動画で応
答したり、2009年と2010年には一般のブロガーを首相公邸に招待してティー
パーティーを開催するなどのイベントも実施している。また、ナジブはアメリ
カ大統領のバラク・オバマ、インドネシア大統領のジョコ・ウィドド、サウ
ディアラビアのアブドゥラ国王などの各国指導者や著名人とのセルフィーを常
にツイッターにアップロードしてきた。最初に話題になったのは、2013年に
シンガポール首相のリー・シェンロンとともに撮ったセルフィーだった。いず

れの行動もソーシャルメディアのユーザーの間で「バズる」ことを狙ったメディア対応である。

　こうしたナジブのソーシャルメディアを使った政治的コミュニケーションの背景には、主にアメリカを中心とする海外での動向や外国人コンサルタントの影響があった。ナジブが首相に就任する前年の2008年にはアメリカでバラク・オバマがソーシャルメディアを積極的に活用した。オバマは選挙キャンペーンで「My.BarackObama.com」という専用のソーシャルメディア・サイトをつくったことが知られている。オバマはサイトを通じて彼個人のライフ・ストーリーを語り、ネット動画を活用し、巨額の寄付金を集め、データ分析の専門家のアドバイスをもとに選挙戦を戦った。各種のソーシャルメディアとリンクした「One Malaysia」のサイトを立ち上げ、ネット動画を活用し、私生活や家族の話題も積極的に発信していくナジブの政治的コミュニケーションの方法は、オバマの選挙戦でのコミュニケーションと通じるものが多く、当時のアメリカの動向から強い影響を受けているのが明らかである。

　同時に、ナジブは海外のコンサルタントを雇用してコミュニケーション・チームを編成していたことも知られている。ナジブのコミュニケーション・チームの中心にいたのはイギリス国籍のポール・スタッドレンである。マレーシアの永住権を持つスタッドレンは、ナジブ政権とかかわる前は広報関連のコンサルタント業務を世界的に展開するAPCOワールドワイド社（以下、APCO）のクアラルンプール支店の責任者だった。1984年に設立されたAPCOは企業の広報活動だけでなく、選挙や危機管理の分野にも積極的にかかわり、瞬く間に世界でも有数の広報・コンサルタント業者となった。APCOからマレーシア政府に職場を移したスタッドレンの役割はいわゆる「スピンドクター」であった。スピンドクターとは民意を分析し、クライアントに有利な情報を流布させることで世論を操作する職業である。スタッドレンは国内外の一部メディアからは広報およびコミュニケーションに関するナジブの「師匠（guru）」とも呼ばれていた。

　以上にみるように、少なくとも2013年総選挙までのナジブは、歴代の首相以上に一般国民との間の政治的コミュニケーションに大きな関心を払っていた。なかでもソーシャルメディアへの対応は、本稿執筆時の2019年段階では

それほど珍しいものではないが、10年前に遡れば、マレーシアの周辺国では
ナジブほど積極的に対応していた首脳は他にいない。ただし先走りして議論を
すれば、ナジブのソーシャルメディアを通じた国民への応答性は2013年総選
挙を経た後、政権を揺るがす大スキャンダルである1MDBスキャンダル（後述）
が広がるなかで著しく低下していくこととなる。ナジブ政権後期の変化につい
ては、第4節で論じることにして、次節では2013年総選挙までの野党や市民社
会組織のソーシャルメディアへの対応について触れることにしよう。

3. 活性化する社会運動と野党の2013年総選挙への対応

　前節では2008年総選挙結果を受けてナジブを中心としてBNがソーシャルメ
ディアへの対応を始めていったことを指摘した。では、こうしたBNのキャッ
チアップの過程を尻目に、従来からネットメディア利用でBNよりも一歩先
に立っていた野党やBN体制への抵抗や異議申し立てを行う市民社会組織は、
ソーシャルメディアを2008年以降の政治状況のなかでどのように利用していっ
たのか。2008年から2013年の総選挙までの期間は、マレーシアだけでなく世
界的にソーシャルメディアと社会運動との間のポジティブな関係性に注目が集
まっていた時期でもある。スペインの15M（インディグナドス）運動、アメリカ
から始まったオキュパイ・ウォールストリート運動、アラブ各国を席巻した
「アラブの春」など既存の体制への抗議の方法として、ソーシャルメディアを
使ったさまざまな運動のレパートリーが展開された。この時期のマレーシアの
野党や社会運動の活動のなかでも海外の運動のレパートリーに影響を受け、あ
るいは、それらと共通性を持つものをみることができる。以下で、そうした活
動の展開を簡単にみておきたい。
　まずは市民社会組織である。ここでは、ソーシャルメディアのうちフェイス
ブックを利用した社会運動の展開を中心にみてみよう。マレーシアで社会運動
の組織化にフェイスブックを活用した注目すべき事例がみられるようになるの
は2010年代に入ってからである。たとえば、2010年にはナジブ首相が発表し
たクアラルンプールのカンポン・バル地区でのメガタワー建設への反対運動
がフェイスブック上で行われている。運動は建設反対に賛同する人にフェイス

ブックでの100万人の「いいね！」を求めるというシンプルなものだったが、2週間もたたないうちに20万人の「いいね！」を集め、さらにはウェブニュースサイトや新聞もこの運動を取り上げたことで、ナジブ首相自身が再びメガタワー建設を擁護するコメントを出さざるをえなかった。ほかに、2011年に連邦下院を通過した平和的集会法への反対運動で展開されたのは、フェイスブックやツイッターを利用したフラッシュモブの試みだった。フラッシュモブとは不特定多数の人々が事前に申し合わせて公共の場で突如行うパフォーマンスである。平和的集会法の反対運動の組織者はフェイスブックやツイッターで事前に参加者を募っておき、大規模ショッピングモールに急遽集まった態を装って反対の意を示した。

　このような2010年代の事例のうち、最も影響力のある社会運動である選挙改革運動のブルシ運動*によるフェイスブックの利用は、運動の組織化、動員、情報拡散など多方面で展開された。ブルシ運動のデモではフェイスブックを通じて偶然に近いかたちでシンボルが生まれたこともある。2011年の2回目のデモでは65歳の華人系元英語教師の女性の写真が本人の了承のないままフェイスブック上で使われて、彼女を「マレーシアの自由の女神（Malaysian Liberty of Freedom）」として広めるフェイスブックのページがつくられた。彼女は「ブルシおばさん」とも呼ばれて第2回のデモを代表するシンボルの一つともなった。

　フェイスブックは国境を越えたグローバルな運動の動員も可能にしている。ブルシ運動から派生したグローバル・ブルシ運動では、在外マレーシア人がマレーシア国内のブルシ運動のデモ日に合わせて、ロンドン、シドニー、サンフランシスコ、東京、台北など海外の各都市でデモやパフォーマンスを行った。このときに集まった在外マレーシア人の多くがフェイスブックのページを通じて初めて集まったとみられる。さらに、2013年総選挙が近づいてくると、在外マレーシア人の間でフェイスブックを中心に展開された「選挙に帰ろう（Jom

---

*　ブルシ運動はこれまで首都圏やマレーシア全土で5回（2007年、2011年、2012年、2015年、2016年）の大規模なデモを起こしてきた。設立当初は野党主導の社会運動だったが、2010年以降は野党指導者を指導部から排しながら、NGO主導の運動となり、ブルシ2.0と呼ばれるようになった。

Balik Undi)」運動が登場する。一言メッセージを添えたさまざまな在外マレーシア人の写真がフェイスブックページに掲載され、運動を盛りあげた。在外マレーシア人の選挙関連の運動は2018年総選挙でも繰り返し起こっている。この例にみられるように、フェイスブックはそれまでのマレーシア政治で不可視だった在外マレーシア人の存在を可視化させる役割を果たした。

　2010年代以降に社会運動によるフェイスブックの利用が本格化するなかで、野党も2013年総選挙に向けてさまざまなソーシャルメディアを活用するようになる。ここでは一例として当時の野党の民主行動党（DAP）によるユーチューブでのキャンペーンをみておきたい。2008年総選挙では野党やその支持者が選挙演説をアップロードするかたちでユーチューブは活用されていた。2013年総選挙でもそれは続けられるが、より手の込んだ動画配信が行われた。DAPは当時マレーシアでも大人気だった韓国のPSYの「江南スタイル」のリズムに合わせて「チェンジ・ロケットスタイル（Ubah Rocket Style）」というミュージックビデオをユーチューブで発表した。物価上昇、犯罪率増加、BN指導者の汚職や贅沢な生活ぶりなどを揶揄したコミカルなものである。このほかにも、マレー語でチェンジを意味するUbahのタイトルをつけたミュージックビデオが発表されている。こちらは野党議員が歌に参加してスローペースで感動を呼ぶメロディで高らかに歌い上げ、途中で一般のマレーシア人が直面している苦境のシーンが挿入される。2013年総選挙時のDAPは主に若年層をターゲットにしたサブカルチャーや流行を取り込みながら独自の作成動画による選挙キャンペーンを本格的に始めたパイオニアであった。DAPが2013年総選挙で発表したユーチューブ上でのミュージックビデオによる選挙キャンペーンは、後述する2018年総選挙での野党連合によるショートムービーに引き継がれていくかたちとなる。

　BNに批判的な社会運動や野党がソーシャルメディアを従来以上に有効に活用したこともあって、2013年総選挙は選挙前から政権交代の期待と熱気が非常に高まっていた。結果として、投票率は史上最高の84.8%を記録する。政権交代の熱気の高まりに押されていたBNだったが、過半数の議席はなんとか確保することができた。政権交代を阻止したBNとそれを率いるナジブだったが、次節でみるように2013年総選挙後から次第に開放的な政治から反動的な政治

を行うようになっていくことになる。

4. 2018年総選挙でのサイバー部隊、データ駆動型選挙と進化したショートムービー

　2013年総選挙を経て、マレーシア政治はそれまでの開放的な政治環境から反動的で権威主義的なものへとシフトしていくことになる。その変化を引き起こした最大の要因はナジブが直接かかわったとされる国営投資会社のワン・マレーシア開発公社（1MDB）をめぐるスキャンダルであった。1MDBは2009年に創設され、ナジブが首相と兼職で大臣職を務める財務省の傘下にあった。1MDBをめぐるスキャンダルの全貌はグローバルなマネーロンダリングとも関係し、多様なアクターと多岐にわたる資金流用疑惑から非常にわかりにくくなっている。

　数ある疑惑のうち、マレーシア国民に最もよく知られ、人々の怒りを買ったのは、1MDBの資金の一部の約7億ドルが海外でのマネーロンダリングを経てナジブの個人口座に流入した疑惑である。この疑惑はアメリカの経済紙の「ウォール・ストリート・ジャーナル」によって2015年7月に報道され、マレーシア国内に衝撃をもたらした。ただし、このナジブ個人がかかわったとされる疑惑が表沙汰になる前の2014年から2015年初頭にかけて、1MDBが巨額の債務を抱えていたことはすでに一般国民にも知られていた。1MDBをめぐる汚職や背信行為が取り沙汰されるなかで、2015年3月には警察や独立機関の反汚職委員会などが共同チームをつくって1MDBをめぐる疑惑の調査に着手し、「ウォール・ストリート・ジャーナル」の疑惑報道後はナジブへと捜査の手が伸びるのも時間の問題だとみられていた。政治生命の危機に直面したナジブは生き残りのために政府・与党内からの反ナジブ勢力の追放とメディアや活動家などの抑圧を強めた。政府・与党内では、1MDBの捜査にかかわる法務長官や反汚職委員会の捜査官らの首をすげ替え、自らに批判的になりつつあったムヒディン・ヤシン副首相らの閣僚を内閣改造で閣外に追い出した。ムヒディンらUMNO内部にいた反ナジブ派はのちに離党してマハティールらと新党のマレーシア統一プリブミ党（PPBM）を結党することになる。1MDBスキャン

ダルの詳細を報じた週刊経済紙の「ジ・エッジ」は一時的な停刊を余儀なくされ、2013年から2015年にかけて活動家や野党指導者が扇動法によって相次いで逮捕された。

1MDBスキャンダルの拡大を受けて、ナジブは政権初期にみせていたような国民一般と直接対話するような姿勢を後退させていった。マレーシア国民の多くが1MDBの疑惑への説明を求めるなかで、ナジブは自分の口座に入った約7億ドルについてサウディアラビアの王族からの寄付であるとの説明をした。国民の多くはこのナジブの説明にとうてい納得したとはいえなかった。マネーロンダリングや汚職の容疑で捜査を行っていたアメリカ司法省がナジブとその家族の1MDBスキャンダルへの関与を明らかにしたレポートを発表した後でも、ナジブはスキャンダルへの説明を避け続けた。ソーシャルメディアのサイトとして始まった「ワン・マレーシア」も1MDBスキャンダルを想起させると判断されたのであろう、結局は名前を変えて「NajibRazak.com」へとリニューアルされることになった。

ナジブ政権初期にみられたソーシャルメディアを通じた国民への応答性が大きく後退していくなかで、次第に目立つようになっていったのが、政府・与党が組織するサイバー部隊と、ソーシャルメディアを通じて得られたデータに沿って展開されるデータ駆動型選挙であった。

サイバー部隊

サイバー部隊についていえば、与党側は2018年までに予定されていた第14回選挙を人々の認識をめぐる戦いと位置づけて、2016年に次期総選挙に向けたサイバー部隊の本格的な組織化を始めた。与党UMNO内でのIT・ソーシャルメディア局の設立である。2017年を通してナジブや副首相のザヒド・ハミディ、IT・ソーシャルメディア局長のアフマド・マザランらはIT・ソーシャルメディア局の設置を機に組織化が進んだUMNO支持の活動家を集めた集会を開催し、野党による虚報や中傷と積極的に戦うように彼らを鼓舞し続けた。ナジブはBN支持の活動家を集めた2017年4月の集会で、与党連合BNが野党からのソーシャルメディアによる攻勢から長い間受け身のままだったとして、ようやく反撃の時が来たと述べている。ナジブは活動家たちにBN内での内紛

を避けて団結するとともに、ソーシャルメディア上のインフルエンサーたちとコミュニケーションをとることで彼らをBNのネットワークに引き付ける必要があると説いた。さらに、2013年総選挙の投票日では野党は政府がバングラディシュ人を動員して投票をさせているとの偽情報をソーシャルメディア上で流して人々を困惑させたと例を挙げながら、活動家たちに次期総選挙に向けて野党への対抗を指示している[3]。

　UMNOは2016年にIT・ソーシャルメディア局を設置して以降、サイバー部隊を使ったプロパガンダ活動を表向きにも隠さなくなっていった。とはいえ、IT・ソーシャルメディア局の設置以前からサイバー部隊を使ったプロパガンダ活動を政治の舞台裏で行ってきたことは以前から政治家やジャーナリストの間で公然の秘密として知られていた。

　UMNOサイバー部隊はフェイクニュースを捏造することで野党を貶めることにも手を染めてきた。ネット上で「ドラゴン・クィーン（Ratu Naga）」と呼ばれたシャルル・エマ・レナ・アブ・サマは、かつてUMNOのサイバー部隊の一員だったことを自ら告白している。家族がUMNOの党員であったシャルル・エマは2008年総選挙後に政府・与党がソーシャルメディアへの関与を強めていくなかでサイバー部隊としての活動を始めていった。2013年までには数千もの偽のソーシャルメディアのアカウントを運営する80人のサイバー部隊のネットワークを構築していた。彼女たちの活動は民族的感情を利用して野党への怒りを喚起するのが常だった。その戦術の一例として、サイバー部隊がインドネシアやフィリピンのソーシャルメディアのアカウントから名前と写真を引っ張ってきて、ソーシャルメディア上で野党支持者であるかのように装い、レイシスト的な声明を発表する。そのスクリーンショットを各所でばら撒いて野党を非難し、貶めていた。彼女たちの戦術の基本は、汚職スキャンダルのような政府に都合の悪いニュースから人々の目をそらすために、人々の怒りの感情を喚起するかたちでフェイクニュースを捏造することであった。ほかにも彼女自身の具体的な告白のなかでは、野党指導者のテレサ・コックをターゲットとしたことや、2014年のテロック・インタン補選において、野党活動家によってインド人とその宗教が侮辱され乱闘が起こっているとの嘘の動画を作成し、それをワッツアップで広めたことも語られている[4]。

「ドラゴン・クィーン」シャルル・エマのほかにもソーシャルメディア上で知られた「大物」のUMNO系活動家として、「パパゴモ（Papagomo）」と呼ばれるワン・ムハマド・ワン・デリスの例を挙げることができる。ワン・ムハマドは匿名で書かれていたブログの「パパゴモ」を使って、野党や野党指導者への攻撃を行ってきた。野党指導者アンワル・イブラヒムへの執拗な攻撃は、2014年に名誉棄損の裁判にまで発展し、最終的にワン・ムハマドは巨額の賠償金を支払うことになった。しかし、彼の賠償金はUMNOのワンサマジュ支部が寄付を募って支払われた。2015年にはクアラルンプールのモールで起こったマレー人と華人との乱闘騒ぎに際して、マレー人が負傷したとの偽の記事や写真を投稿し、事件を大きくした。このブログ投稿によって彼は民族間の緊張を高めたとの容疑で扇動法により拘束されている。

　シャルル・エマやワン・ムハマドのように報道もされたソーシャルメディア上の「大物」活動家のほかにも、少なくとも2018年の政権交代前には政府・BNのために働いた多数のサイバー部隊要員がいたことは容易に想像できる。ただし、実数はよくわからない。2017年11月にナジブも出席してUMNO本部ビルのあるプトラ・ワールド・トレードセンターで開かれた集会では3800人以上のサイバー部隊が集まったとされるので、少なく見積もってもその数を下回ることはないであろう[5]。では、こうしたサイバー活動家たちの活動資金はどこから出ていたのか。ネット上の報道や噂話、プロのジャーナリストたちの話をまとめると、一般にサイバー部隊全体に資金が提供されていたわけでなく、ごく一部の特定の活動家たちに資金は提供されていた。無数の一般活動家たちには政府やUMNOなどが開催するイベントへの参加や記念品などのかたちで報いることでサイバー部隊の活動への熱意を維持してきた。サイバー部隊の活動で資金を得ていた活動家の資金源として、（1）与党の有力政治家や彼らと親しい企業家の自己資金であった場合と、（2）政府・与党などの組織的な資金が利用された場合がある。ここでは（2）のなかで、とくに政府からの組織的資金について紹介したい。政府からの資金の出所は首相府であるという話とコミュニケーション・マルチメディア省傘下の「特別局（Jabatan Hal Ehwal Khas: JASA）」からの資金であったという話がある。JASAはコミュニケーション・マルチメディア省の前身である情報省のもとで何度かの組織改編を経て

2004年からJASAとなった。旧組織であったときからJASAの基本的な使命は政府の政策の広報である。野党議員からは、ナジブ政権下でJASAはUMNOおよびBNのプロパガンダ機関と化しているとの指摘がたびたびなされていた。当時の野党議員の一人のラフィジ・ラムリは公的資料に基づき、JASAの職員の半数が政治任用に基づく期間職員であると指摘している[6]。このように政治色の強いJASAからUMNOのサイバー部隊への資金が流れたとの指摘は信憑性が高いと考えられる。

　サイバー部隊のように人間がベースになったソーシャルメディアの活動のほかに、BNは2018年総選挙でインターネットボットを使ったツイッター投稿でプロパガンダ活動を行っていた疑いがある。アメリカのシンクタンク、アトランティック・カウンシルの調査では、2018年総選挙キャンペーンが始まる直前の4月12日から20日の間に野党連合の希望連盟（Pakatan Harapan: PH）に反対するハッシュタグの「#SayNoToPH」と「#KalahkanPakatan」が17万6000のユーザーによって44万100回使われたが、このユーザーの98%はボットであったことがわかった。これらのハッシュタグの付いたツイートにはBNやナジブの支持を訴える画像や動画へのリンクが張られていた。2つのハッシュタグを使って最も活発にツイートをしている10のアカウントのうち9つのプロフィールではキリル文字を使ったロシア風の名前が使用されていた。こうしたキリル文字を使ったアカウントからは、BNの選挙関係者がロシア人かロシアとつながりのあるボット製作者からボットを購入して利用した可能性が示唆される[7]。

　これまでみてきたのはBNのサイバー部隊やその活動であったが、反BNの野党や市民社会組織もまたネット上で人々の感情を刺激する情報操作と無縁ではなかった。2007年には野党政治家のティアン・チュアは、当時副首相のナジブと、ナジブの警備担当者によって殺害されたモンゴル人女性通訳とが会食している合成写真をネット上で広めた。背景にはナジブとその妻がモンゴル人女性通訳を殺害したのではないかとの疑惑があり、この合成写真が首相就任前のナジブの国民からの不人気ぶりに多少なりとも影響を与えたことは否定できない。その10年後にはソーシャルメディア上にナジブをピエロに見立てた風刺画が広く拡散していた。この風刺画はアーティストのファミ・レザが作成

し、ネット上で非常に人気を博した。政府は「他人を苛立たせ、中傷し、脅迫し、嫌がらせる」ネット上のコンテンツを禁止するコミュニケーション・マルチメディア法の233条1項（a）を適用してファミ・レザを起訴している。ファミ・レザのナジブ風刺画にみられるように、2018年総選挙を前にして野党や市民社会組織側は、1MDBの話題を軸にナジブやその妻を含む家族に焦点を当てて、からかい、風刺、辛辣な皮肉を含む記事、写真、動画などをソーシャルメディア上で積極的に展開していった。

　2018年総選挙が近づくなかで強まっていった野党や市民社会組織からの攻勢を前にして、BNは依然としてソーシャルメディア上での戦いが自らに不利なままであると認識していたのであろう。政府は総選挙直前の2018年3月に、ネット上での情報に規制をかける反フェイクニュース法を成立させた。この法律は、違反者に50万リンギの罰金か最長6年の懲役、あるいはその両方を科す罰則を設けた。何をフェイクニュースとするのか範囲が曖昧なまま、議会の審議もほとんどされないままでスピード成立した反フェイクニュース法は野党や市民社会組織などから大きな批判がなされたが、世界で最初にフェイクニュースを法律名に掲げたインパクトもあって国際的にも大きな話題となった。PHは反フェイクニュース法の廃止を公約に掲げて選挙を戦い、政権交代後に法律は廃止されることになった。

データ駆動型選挙

　世界的にみて選挙の専門家の間でデータ駆動型選挙が注目され始めたのは、2008年や2012年のアメリカ大統領選挙でのオバマのキャンペーンからである。ただし、その影響が一般の人々にも広く知られるようになったのは、2016年のEU離脱を問うイギリスの国民投票やアメリカ大統領選挙でのトランプの選挙活動からである。2016年のイギリスの国民投票やアメリカ大統領選挙でその影響が知られたのは、コンサルタント会社のケンブリッジ・アナリティカ（Cambridge Analytica: CA）がフェイスブックを使ってデータ収集や広告を出した方法についてプライバシーの問題や情報操作の強い懸念があり、非難が集まったからである。その一方で、CAが2016年のイギリスやアメリカの選挙以前から新興国の選挙で活動していたことはあまり注目されていない。実はCA

は、2013年にはすでにマレーシアの総選挙で活動をしていたとされる。CAは
クダ州を対象として、与党BNの2008年以降の学校政策の改善についてター
ゲットを絞った選挙広告を展開したと自社のホームページで実績を誇ってい
た。CAはマレーシアと同様にリトアニア、ルーマニア、ケニア、ガーナ、ナ
イジェリア、トリニダード・トバゴといった諸国で選挙活動に従事していた。
CAはグローバルに顧客を求めて実績を上げるとともに、イギリスやアメリカ
という「大舞台」の選挙を前にして新興国でシステムの性能を確かめ、調整を
繰り返していた。

　マレーシアの2013年総選挙でのCAの影響が実際にあったかは定かではな
い。しかし、CAのようなデータ駆動型選挙は2018年総選挙になると確実に観
察されるようになった。興味深いのは、与党のBNよりも野党のほうがデータ
駆動型選挙を積極的に推し進めたことである。PHを構成する最大政党・人民
公正党（PKR）の有力政治家であるラフィジ・ラムリは、2016年にNPOの「イ
ンヴォーク（INVOKE）」を立ち上げている。インヴォークはデータ分析と草の
根のボランティア活動によって主にPKRを中心とするPH構成政党の選挙支援
を行った。データ分析の具体的手法をみれば、まずはソーシャルメディアやオ
ンラインでのコミュニケーションや請願活動をもとにしたデータを集めるとと
もに、電話での質問を通じて浮動票の特定と有権者の選好の分析をし、データ
ベースを作成する。インヴォークはこうして作成されたデータベースに基づい
て選挙予測を行いつつ、浮動票を取り込むための争点やメッセージを明らかに
して、PHの選挙活動をサポートしていた。インヴォークはアメリカでCAが
行ったのと同じように、18カ月の活動期間中にソーシャルメディアを通じて
ターゲットとする有権者に政治広告を送っていた。インヴォーク自身による
評価では、2016年のアメリカ大統領選挙ではCAがトランプ当選に向けてソー
シャルメディア上で平均6回の政治広告をターゲットとなる有権者に送ってい
たが、インヴォークはその10倍以上にあたる平均67回の政治広告を送ったと
されている。こうしたデータ分析に加え、約2万6000人の選挙監視ボランティ
アを動員して不正選挙に対する監視を行った。インヴォークが支援を行った選
挙区は激戦区を中心にマレー半島で44選挙区あり、そのうちの42選挙区でPH
が勝利した[8]。

ライブ中継と進化したショートムービー

　2013年総選挙と比較して2018年総選挙ではユーチューブやフェイスブックなどのソーシャルメディアを使った選挙活動のライブ中継が一般的となった。通常は夜に実施される選挙演説会はもちろんのこと、朝や日中の選挙活動の模様をライブ中継する候補者も現れた。さらに、PHのある政治家は選挙管理委員会の職員がPHの屋外掲示を切り取るシーンをライブ中継し、国民の間に広まっていた与党寄りの選挙管理委員会への不満や批判を高めた。

　ほかにも2018年総選挙でのソーシャルメディアをめぐる注目すべき変化として、ショートムービーへの注目が集まったことが挙げられる。2010年代に入り東南アジア各国で、ユーチューブなどの動画共有サービスを利用したショートムービーが公開されることが多くなってきた。マレーシアでは2013年総選挙において野党がミュージックビデオを使った選挙キャンペーンを行ったことをすでに紹介したが、2018年総選挙でPHがソーシャルメディアを通じて共有したショートムービーは非常に質の高いものであり、選挙キャンペーンの期間中に大きな話題を呼んだ。「希望（Harapan）」のタイトルで知られる10分あまりのショートムービーにはマハティールが本人役で登場し、涙声で国を立て直すと演技する姿が展開された。筆者自身が2018年総選挙の期間中に実施したフィールドワークでは、PHの演説会などに集まった有権者がスマートフォンで「希望」のショートムービーを視聴している姿を頻繁に見かけた。このショートムービーは新聞やウェブニュースサイトでも話題となっており、有権者の間で一定程度、浸透していたと考えられる。

5.　2018年総選挙後のボスク・キャンペーンとナジブ

　本章冒頭で紹介したように、2018年5月の総選挙でマレーシアでは史上初の政権交代が起こった。マハティールが首相を務める新政権と新与党PHは国民の間から7割を超す高い支持率を獲得した。しかし、PHへの高い支持は長く続かず、2019年前後から急速に低下していくことになる。世論調査会社のムルデカセンターの調査では、マハティール首相の支持率は2018年8月時点では71％であったが、2019年4月には46％にまで低下した。同期間の政府への支持

率は79%から39%にまで低下している[9]。なぜ1年を経ずに新政権およびPHへの支持が急減したのか。一方の理由として、PH側の問題があることは否定できない。2018年総選挙でPHが発表したマニフェストは国民への大幅な利益供与を約束し、過剰な期待を抱かせる結果となった。しかし、実際に政権交代が起こると、選挙期間中に約束されたマニフェストは執行が遅れたり停滞したりして、国民の間に新政権への失望が急速に広がった。政治への熱意がさめていくなかで、与党となったPH内部での内紛や高齢のマハティール首相の後継体制が定まらないこともPHへの国民の支持を低下させている原因になっている。

　PHへの国民の支持が低下しているもう一方の要因として、BNおよびその中核政党のUMNOが政権交代に伴う混乱から立ち直ってPHへの批判を強めていることを指摘できる。ここで興味深いのはUMNOがPHへの反転攻勢を準備していく段階で、UMNOの下野をもたらした最大の責任者で、1MDBスキャンダル関連の複数の汚職裁判で係争中の身でもあり、政治的には死に体となっても不思議ではないはずのナジブが再び政治の表舞台に舞い戻る兆しをみせていることである。

　1MDBスキャンダル関連の裁判とは別にナジブが政治的な表舞台で再び注目を集めるようになったのは、2019年1月に連邦下院のキャメロン・ハイランド選挙区で実施された補選の選挙キャンペーンからである。このときにナジブは活発な選挙応援活動を展開したが、そのキャンペーンは「ボスク（Bossku）・キャンペーンと呼ばれた。ボスク・キャンペーンは、スマートフォンで自撮りをした若者とナジブが「Malu Apa Bossku（何も恥じることはないぜ、ボス！）」と叫んでいる動画をオンライン上にアップロードしたことから始まった。この動画をきっかけにしてナジブや彼の支持者たちはソーシャルメディアを通じたボスク・キャンペーンを本格化させた。図1や図2のようにバイクジャケットとジーンズに身を包んだナジブがヤマハのバイクにまたがっている写真や動画がソーシャルメディア上で拡散されていった。

　ナジブの身なりや彼の乗るバイク、「俺たちのボス」の意味である「ボスク」といった言葉遣いの背景には、バイクで暴走行為を行う若年層を示唆する文化コードがある[10]。ボスク・キャンペーンは日本流にいえば「ちょいワル」な不良のイメージを暗示しており、マレー人の労働者層や若年層からの支持を狙っ

図1. Malu Apa Bossku キャンペーン①

出所：Najib Razak Facebook
https://www.facebook.com/najibrazak/photos/a.294787430951/10156
065426895952/?type=3&theater（2019年12月16日アクセス）

図2. Malu Apa Bossku キャンペーン②

出所：Najib Razak Twitter
https://twitter.com/NajibRazak/status/1086959998238810115/photo/1
（2019年12月16日アクセス）

#MaluApaBossku : Pakatan Harapan Setinggi Gunung

図3.　Malu Apa Bossku キャンペーン③

出所：YouTube: Kelantan News
https://www.youtube.com/watch?v=eInqJ6eKSnE（2019年12月16日アクセス）

たとみられる。同時に、ナジブは村落部のマレー人や貧困家庭を訪ねて話を聞いたり、大衆とともに食事をとったりしている写真や動画もボスク・キャンペーンのなかで展開していった。図3のように、自らの無罪とPHの不当性を訴える替え歌をユーチューブ上で展開する動きもみせた。これら一連のボスク・キャンペーンは、ソーシャルメディアはもちろんのこと、新聞も報道を行っており、1MDBスキャンダルによって地に落ちたナジブのイメージや印象の改善に一定程度の効果があったとみることができるだろう。

　以上のようなボスク・キャンペーンの展開は、首相在任時のソーシャルメディアへの対応と合わせて、ナジブという政治家や彼が首相として統治を行った政治・社会的な時代背景を解き明かす重要な手掛かりとなる。

　ナジブが首相に就任した2009年から政権交代で首相を追われた2018年までの10年間は、ソーシャルメディアが国民全体に急速に普及していった時代である。前政権の反省を踏まえて、ナジブおよび彼の政権は発足当初からソーシャルメディアを通じた政治的コミュニケーションに力を入れていた。政権前半の2013年総選挙まではソーシャルメディア上での一定程度の応答性に力点を置いたものであり、その後はサイバー部隊の活動にみられるように情報操

作に力点を置いたものとなっていったという違いはあるものの、ソーシャルメディアを通じた政治的コミュニケーションはナジブと彼の政権にとって常に主要な「戦場」だったのである。

　こうしたナジブと彼の政権のソーシャルメディアへの対応を生んだのは、2008年前後のマレーシアのメディア環境である。当時の野党やBNに批判的なNGO集団などがBN以上にソーシャルメディア利用に習熟し、それにBNは追いついていく必要があったというマレーシアのメディア環境があった。しかし、2013年総選挙後のナジブや彼の政権はソーシャルメディアをイメージや印象の向上に用い続けることはあっても、1MDBスキャンダルのような不都合な疑惑への説明には口を閉ざし続けた。2018年の劇的な政権交代は、ソーシャルメディアはもちろんのこと、さまざまなメディアを動員して展開されてきた世論対策が限界を迎えた結果であったともいえる。

　政権交代で首相の座から転落したナジブはソーシャルメディアを活用し、サブカルチャー的なイメージの暗示や親しみやすさを提示したボスク・キャンペーンを通じて政治の表舞台に再び舞い戻ろうとする姿勢をみせている。ナジブが本当に政治の表舞台に戻ることができるかどうかはひとまず措いておくとしても、ナジブという政治家を論じる際のポイントとなるのは、BN体制のなかで中核的なエリートしてキャリアを重ねてきた実際の彼と、政治的コミュニケーション戦略の一環として彼が常に提示しようとする親しみやすさや大衆性を押し出したイメージとの非常に大きなギャップである。

　2018年に起こった史上初の政権交代は本稿執筆時点でマレーシアの政治や社会を論じる際に最も参照される出来事であり、今後もしばらくはその傾向が続くであろう。本章で展開した政権交代に先立つ10年間あまりのソーシャルメディアと政治との関係史や、この時代をリードしたナジブという政治家をどのようにとらえるのかは今後とも継続的な分析が必要になってくるであろう。

注記 ─────────────

（1）*The Star* 26/3/2008.
（2）Najib Razak, "Perasmian Perhimpunan Agung UMNO 2011 - Ucapan Dasar Yab Presiden UMNO," Office of The Prime Minister of Malaysia, 2011. http://www.pmo.gov.

my/?menu=speech&page=1676&news_id=540&speech_cat=2（2019年12月16日アクセス）。

（3）*New Straits Times* 16/4/2017.

（4）Guest, Peter, "'Queen of Dragons': The inside story of Malaysia's election fixer," *Wired*, 9 May 2018. https://www.wired.co.uk/article/election-malaysia-2018-general-fake-news-day-2008-syarul-ema（2019年12月16日アクセス）。

（5）Arfa Yunus, "Najib: Conquer Cyberworld," *New Straits Times*, 5 November 2018.

（6）Rafizi Ramli, "Apa Tugas 272 Kakitangan JASA? Adakah Lantikan Kontrak Diisi Oleh Ahli UMNO?" *rafiziramli.com*, 16 February 2017. https://rafiziramli.com/2017/02/apa-tugas-272-kakitangan-jasa-adakah-lantikan-kontrak-diisi-oleh-ahli-umno/（2019年12月16日アクセス）。

（7）DFRLab, "#BotSpot: Bots Target Malaysian Elections," *Digital Forensic Research Lab*, 21 April 2018. https://medium.com/dfrlab/botspot-bots-target-malaysian-elections-785a3c25645b（2019年12月16日アクセス）。

（8）Rafizi Ramli, "Invoke volunteers helped create history on May 9." *Malaysiakini*, 15 May 2018. https://www.malaysiakini.com/news/425130（2019年12月16日アクセス）。

（9）*The Star* 26/4/2019.

（10）Zurairi A. R., "From Bijan to Bossku: Najib taps into 'rempit' culture in working class rebranding." *Malay Mail Online*, 18 January 2019. https://www.malaymail.com/news/malaysia/2019/01/18/from-bijan-to-bossku-najib-taps-into-rempit-culture-in-working-class-rebran/1713790（2019年12月16日アクセス）。

第6章

自由とソーシャルメディアがもたらす
ミャンマー民主化の停滞

中西嘉宏

1. はじめに

　2011年3月の民政移管によって、ミャンマーの軍事政権が終わった。新しい政治体制のもとで大統領となったテインセインは、軍事政権時代の首相であったにもかかわらず、多くの人々の予想に反して、矢継ぎ早に改革を実行し、同国の民主化は大きく進んだ。その起点となったのは、当時の新政府とアウンサンスーチー（以下、スーチー）との和解である。長年のスーチーと軍事政権との対立を考えれば、両者の間に和解が成立するのは難しいだろうと思われていた。ところが、スーチーは、民政移管後のテインセインの改革姿勢を高く評価し、彼女が議長を務める国民民主連盟（NLD）は、2012年の補欠選挙に参加を決める。スーチー自身も同選挙で当選を果たした。初登庁した連邦議会の議場で、「2008年憲法を遵守する」とスーチーが宣誓を行ったとき、1988年の民主化運動から約24年の歳月を経て、政府と民主化勢力との間に和解が成立した。これは歴史的な瞬間だった。

　この政治和解を機に、米国は経済制裁を緩和し、それが外交関係の多角化や、海外からの支援と民間投資の流入を促した。この一連の改革の終着点は、皮肉なことに、テインセインも所属する与党、連邦団結発展党（USDP）の2015年総選挙での敗北であった。2016年3月には、同選挙で大勝したNLDが与党となり、スーチーを実質的な国家元首とする新政権が、平和的な権力移譲によって誕生した*。自由で公正な選挙で勝利した政党が政権を獲得するのは、実に1960年以来のことで、ミャンマーの民主化がさらに進展したことを世界

123

に印象づけた。

　この2010年代の民主化の進展を支えたのは、民政移管で拡大した市民の自由であった。なかでも、表現の自由が大幅に認められるようになったことは、長年抑え込まれていた市民社会を活性化させる起爆剤になったといえるだろう[1]。軍政時代、表現の自由は著しく制限されていた。たとえば、筆者の友人である画家は、自身が描いた絵画に赤色が多く使われているという理由で、当局から展示の許可を得られなかった。赤は民主化勢力であるNLDのイメージカラーだったからである。

　それが、いまや別の国のようになった。検閲が廃止されたことで、政府による情報統制はなくなった。民主化、民族問題、さらには政治と軍隊の関係といった、かつてはタブーだったテーマを取り上げるセミナーや討論会が、さまざまな場所で行われている。さらに、スマートフォンの普及によりインターネットへのアクセスが急増し、人々が日常的に接する情報量が圧倒的に増えた。いまや、都市はもちろんのこと、農村でもスマートフォンは日常の一部になっている。

　この、表現の自由の拡大とスマートフォンの普及が、ミャンマーの民主化を後押しした。たとえば、2012年4月の補欠選挙に向けてNLDが政党登録をしてから、スーチーの発言や写真を、ミャンマー国内の新聞・雑誌でしばしば目にするようになった。このスーチーのメディアへの登場が、軍事政権による弾圧下で低迷を余儀なくされていたNLDに、政党組織として生き返るチャンスを与えた。さらに、2015年総選挙では、人海戦術による従来型キャンペーンに加えて、ソーシャルメディアを利用した有権者への訴えかけが多用された。スーチーというシンボルがいるNLDにとって、スマートフォンを通じて有権者に直接、彼女のメッセージや、映像、動画を送ることができることは、同党の支持獲得に非常に有利に働いた[2]。

　しかしその一方で、表現の自由が持つ負の側面が表面化したことを忘れては

　＊　2008年憲法下では、子供がイギリス国籍のスーチーに大統領資格が認められないため、NLDは大統領に「助言」ができる国家顧問というポストを立法で設置した。スーチーは外務大臣と国家顧問を兼務し、実質的な国家元首に就任したといえる。

ならない。情報統制下に長く置かれていたミャンマーでは、メディア関係者が
情報提供者としての倫理を理解する機会や、また、情報の受け手がメディア
リテラシーを身につける機会は乏しかった。それが、表現の自由の急激な拡大
で、大量の情報をやりとりするようになった。情報の一方的な受け手だった一
般市民は、ソーシャルメディアを通じて発信者になれる時代でもある。そうし
たなか、ヘイトスピーチやフェイクニュース、プライバシーの侵害など、多く
の問題がミャンマー社会に広がっている。だが、これらの問題に対応する政府
の法整備や施策は遅々として進んでいない。そのため、表現の自由は、順調に
進むかにみえた同国の民主化を停滞させる要因にすらなっている。

　本章では、この、表現の自由が民主化の停滞をもたらすという逆説的な現象
について考察したい。ミャンマー政治はいまだにスーチーと国軍との対立ばか
りに注目が集まりがちであるが、いま見逃してはならないのは、民政移管後に
市民社会のさまざまな利害が表面化し、それが政治に影響を与えていることで
ある。本章は表現の自由を事例にして、社会が自由になることが必ずしも民主
化を促すわけではないということを明らかにすることで、スーチーと国軍との
対立という単純化された構図とは異なる観点を提供することを目指す。

　以下では、まず、ミャンマーにおける表現の拡大がいかにして起こったの
か、その過程を主に法改正と通信事業の自由化、スマートフォンの普及に関す
るデータを通して概観する。次いで、表現の自由の負の側面を検討すべく、3
つの事例を取り上げよう。第一の事例は、宗教間の紛争である。ミャンマーで
は民政移管後に全人口の9割弱を占める仏教徒と、5％にも満たないムスリム
との間で暴力的な紛争が広がり、現在も宗教間対立の火種は続いている。この
対立の背景には、一部の仏教僧や市民団体による反ムスリム的言説が表現の自
由の拡大のもとで広まったことが重要な要因になったと指摘する。第二の事例
は、国軍の新たな広報戦略の展開についてである。軍政時代に言論統制を主導
した国軍もまた、民政移管後の新たな情報環境に適応している。それまでの秘
密主義的な組織文化を一部転換し、フェイスブックを使った広報活動や情報工
作を活発化させたことを明らかにする。第三の事例は、報道機関とソーシャル
メディアに対するスーチー政権の不寛容な対応である。ロイター記者拘束事件
を例に、同政権と司法府が、表現の自由のもとでの政府批判の意義を十分に認

めていないことを示す。また、ヘイトスピーチやフェイクニュース対策につい
ても、政府は強引な手法で恣意的な訴追を繰り返すばかりで、その効果はほと
んど望めないことを指摘しよう。そして、結論へと続く。

2. 表現の自由はどのように拡大したのか

　本節では、ミャンマーにおける表現の自由の拡大とスマートフォンの普及を
制度改革とデータから概観する。

　ミャンマーの軍事政権は国民の表現の自由に対して極端に不寛容であった。
日刊紙は、国営紙（ビルマ語2紙、英語1紙）のみで、その内容はほぼ同じであっ
た。一面は、将軍たちによる開発プロジェクト視察やイベントへの列席に関す
るものが多く、記事の大半は出席した要人の長い役職と階級、そしてプロジェ
クトとイベントの紹介で埋まる。紙面の隅には、「国家の大義」という、ほと
んどの読者が関心を払わないスローガンが掲載されていた。書籍や雑誌に対し
ては検閲があり、政治的に論争的な話題は掲載そのものがなされなかった。

　2000年代になって週刊誌（ビルマ語でジャーネー）の発行が増えたが、多くは
芸能情報とスポーツ情報を掲載するもので、政治的でないことが新規発行の条
件になっていた。インターネットも2000年代初頭に解禁されたものの、閲覧
禁止サイトは500以上あり、回線の遅さ、高額な通信料、有線回線の数など、
言論統制以外にも利用には多くの制限があった。この状況を大きく変えたのが
テインセイン政権である。テインセインは政権樹立直後からさまざまな分野で
自由化を進めていた。表現の自由やメディア産業もその対象になった[3]。

　表現の自由の法的根拠については、2008年憲法354条aで「信条と意見を自
由に表現、出版する」自由が保障されていた。ただ、「連邦の安全に関する法、
法と秩序、共同体の平和と安寧あるいは公的な秩序と道徳に反しない」かぎり
での自由という留保がつき、この留保の解釈次第では、軍政時代の言論統制を
続けることも可能だった。しかし、驚くほどスムースに言論統制が緩和、さら
に撤廃された。

　言論統制の重要な手段は事前検閲であった。その法的な根拠となってきた
のは、1962年印刷出版法（the 1962 Printing and Publishing Law）で、報道審査・

登録局（the Press Scrutiny and Registration Division）が実施の責任機関であった。2012年8月、同機関が事前検閲を止め、翌年の1月には解体された。1962年印刷出版法が未廃止だったが、実施機関がなくなったため、この時点で検閲は実質的に廃止された。2014年3月には自由な出版を認める印刷出版会社法（the Printing and Publishing Enterprise Law: PPEL）が施行されて、約50年ぶりに政府による検閲が撤廃されたのである[4]。

　2013年にはメディア産業への民間参入が進んだ。なかでも注目されたのは、日刊紙へのライセンス発行である。これまでの3つの国営紙に加えて、20の民間新聞に新規ライセンスが発行された[5]。新聞に加えて、週刊誌、月刊誌、テレビといった従来型のメディアの新規参入も進み[6]、さらに、「イラワディ（Irrawaddy）」「ミッジーマ（Mizzima）」「民主ビルマの声（Democratic Voice of Burma）」といった、海外を拠点にミャンマーの政治経済情報を批判的に報道してきたメディアが、ミャンマー国内での活動を政府に認められて、次々とヤンゴンに事務所を開設した。

　ミャンマーが特異なのは、以上のような検閲の廃止や既存メディアへの民間参入と並行して、スマートフォンが急速に普及し、携帯電話を通じた情報通信、なかでもソーシャルメディアの利用が短期間のうちに日常化したことである。以下、具体的なデータも参照しながらみていきたい。

　インターネットを含めた通信事業は、長らく運輸・通信省下のミャンマー郵便・電話公社（Myanmar Post and Telecommunications: MPT）が独占していた。それが、2013年の新通信法の施行にともなって、海外企業2社、国内企業2社に新規ライセンスが発行されることになった。入札の結果、ノルウェーのテレノール（Telenor）社とカタールのオーレードゥ（Ooredoo）社が落札し、通信ネットワーク敷設と携帯電話サービス業に参入する。これにより、新規参入が許される前にMPTが販売していた約2000ドルもする携帯電話（SIMカードを含む）の価格が、SIMカードだけで2ドル程度まで下がった。携帯電話本体も主に中国企業製造の安価なスマートフォンが広く市場に出回った。そうして、スマートフォンを通じたインターネットへのアクセスが急増する。

　この変化をみるのに、図1が役立つだろう。これは2000年から2018年までの携帯電話の加入数をタイ、インドネシア、フィリピン、ミャンマーで比べた

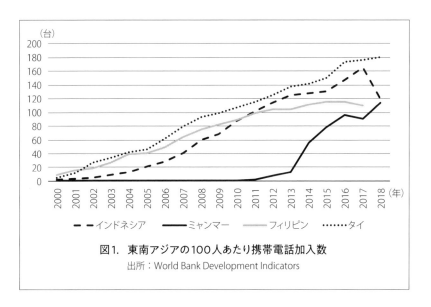

図1. 東南アジアの100人あたり携帯電話加入数
出所：World Bank Development Indicators

ものである。ミャンマーが2013年から他の国々に急激にキャッチアップして
いったことがわかる。ミャンマーの人口に占めるインターネット利用者の割合
は、すでにフィリピンと同水準に達するほど高い。その一方で、ミャンマーに
おける有線ブロードバンドの普及率は、100人あたり0.2人程度（2018年）と低
水準にとどまっており、ミャンマーのインターネット利用者の増加が、スマー
トフォンの普及にもっぱら依存してきたことがわかるだろう。

　この、スマートフォン普及とインターネット利用拡大の推進力となったの
は、ソーシャルメディアである。ミャンマーで最もシェアが高いソーシャル
メディアはフェイスブックで、2019年1月時点でその利用者数は約2100万人
と全人口の39％に達している。そのほぼすべてがフェイスブックのユーザー
だと報告されていて[7]、ツイッター、ワッツアップの利用者は少数派である。
フェイスブックに次ぐソーシャルメディアはインスタグラムだが、その利用者
数は81万人と、フェイスブックの利用者より2桁少なくなっている。

　以上がミャンマーにおける表現の自由の制度的な拡大と、それを強力に後押
ししたスマートフォンとソーシャルメディアの普及についての概要である。こ
うした急速な変化が、人々にそれまでなかった自由を与え、その一つの結果と

して、2015年総選挙でのスーチーとNLDの勝利があったことは最初に述べた。次節からは、そうした民主化にとっての正の効果ではなく、負の影響をみていきたい。

3.　自由が生んだ宗教間紛争

　民政移管のわずか1年後に、仏教徒とムスリムとの間の暴力的な紛争が各地で勃発した。ミャンマーの前向きな変化に水を差す出来事だった。ただ、民政移管のような体制移行の直後に、民族的、宗教的な紛争が起きることは珍しいことではなく、これまでも世界のさまざまな場所で観察されてきた[8]。ミャンマーもその一例だといってよい。この政治体制の変化が暴力を生み出した原因の一つに、表現の自由の拡大があった。以下でみていきたい。

　仏教徒とムスリム*との間の紛争は、2012年5月にミャンマー西部のラカイン州で起きた仏教徒女性（ラカイン族）に対するムスリム男性によるレイプ事件が発端である。同年6月3日、同州において、上記のレイプ事件とはまったく関係のない巡礼中のムスリム10名が殺害され、バスが燃やされる事件が起きた。犯人はラカイン族仏教徒の集団で、上記のレイプ事件に対する報復として犯行に及んだという。その直後から、北部ラカインで仏教徒とムスリムとの間の衝突が拡大した。州都のシットゥエでもムスリムの群衆が僧院や仏教徒もムスリムも含めた住宅を燃やし、ラカイン族仏教徒も集団でそれに対抗した。紛争はラカイン州にとどまらず、翌年にかけて、マンダレー地域、ヤンゴン地域など各地に広がっていく。最終的には200人を超える人々が犠牲になり、約14万人の国内避難民が発生する事態に発展した。

　仏教徒とムスリムとの間の緊張や暴力的な衝突は、ミャンマーでは新しいことではないが、2012年から始まった一連の仏教徒とムスリムとの衝突は、従来から存在した宗教間対立と比較した場合、2つの点で新しいものであった。

　一つに、仏教徒、ムスリム、それぞれが人々を動員して、集団的なコミュニ

---

　*　2014年のセンサスによると、現在のムスリムの人口構成は4.3%で、仏教徒の87.9%と比べると圧倒的に少ない。

図2. ミャンマー中部メッティーラでの衝突で破壊された建物
（2013年8月31日、筆者撮影）

ティ間の衝突（コミュナル・バイオレンス）に至ったことである。軍事政権時代
は、人が集まる集会そのものが厳しく取り締まられていた。社会秩序を脅かす
と政府にみなされる集団は抑え込まれていた。それが、統制が緩和されたこと
で、社会不安が暴力に転化することを抑え込むことが難しくなっていた[9]。当
時のテインセイン政権は、2012年6月の衝突後すぐにラカイン州北部に非常事
態宣言を発令して、国軍の部隊を治安維持のために投入した。また、紛争が起
きた地域では、仏教徒とムスリムを分離することで（あるいはムスリムを隔離す
ることで）事態の沈静化を図ったが、介入が追いつかないスピードで連鎖反応
が各地で起きた。

　もう一つの新しい側面は、社会問題を理解するフレーミング――ここではあ
る事件を仏教徒とムスリムと間の宗教的な対立ととらえる見方――がメディア
を通じて拡散したことである。たとえば、そもそもの発端となったラカイン州
でのレイプ事件について、加害者がムスリムで、被害者が仏教徒であることを

週刊誌が強調して報道した。加害者、被害者がともに仏教徒である場合、宗教
的な背景が触れられることは通常なく、明らかに宗教的な構図を持ち込もうと
する意図がうかがえた[10]。ほかにも、2014年7月に2名の死者を出したマンダ
レーでの暴動は、仏教徒女性がムスリムにレイプされたという情報（のちにデ
マと判明）が、著名なブログとフェイスブックで拡散したことが直接の原因で
あった[11]。本来、複雑な文脈で起きたはずの事件が、仏教徒とムスリムの対立
という単純な構図に読み替えられ、さらに情報の真偽が判明する間もなく暴力
に直結したのである。

　この宗教間対立という見方が拡散した背景には、表現の自由のもとで反イス
ラーム的な言説や運動が仏教徒社会に広がっていたことがある。そもそも、イ
スラームに関する偏見や陰謀論的な理解は、広く仏教徒たちの間で個別に語
られていた。2000年代初頭に現地に滞在していた筆者も何度も耳にしている。
それが、表現の自由の拡大を受けて、反イスラーム的な言説を公然と主張する
人々が現れ、ソーシャルメディアを通じてより多くの人々に広まるようになっ
た。

　反イスラーム的な言説を積極的に広げた担い手としてよく知られた人物に
ウィラトゥがいる。仏教僧であるウィラトゥは、ムスリムが所有する商店や
販売する製品、サービスのボイコットを訴える969運動を、民族宗教保護協会
（略称マバタ）とともに指導している。ちなみに、969とは仏教上の三宝である
仏・法・僧それぞれの九徳、六徳、九徳からとられた運動のシンボルとなる数
字である。もともと、ムスリムが所有する商店によく飾られている「786」[*]に
対抗するためにつくられた用語である。「786」については、786の3つの数字
を足したら21で、それはムスリムが21世紀に世界を征服するというメッセー
ジだ、といった類の陰謀論が軍事政権時代から仏教徒の間で広がっていた。

　ここで、表現の自由がもたらす逆説を示すのは、こうした露骨な反イスラー
ム的な運動は軍事政権時代には許されなかったということである。実際、ウィ
ラトゥは、人々の反イスラーム感情を扇動する文書を配布したとして、2003

---

[*]　クルアーンの最初の一節「慈悲あまねく慈悲深きアッラーの恩名において」を短縮
　　した数字で、まじないとしても使われる。

年にマンダレーで逮捕されて有罪判決を受け、投獄されていた。つまり、彼は軍事政権下では社会対立を煽る存在として政府が警戒する対象だったのである。民政移管後に新政権によって政治囚への恩赦が実施されるなか、2012年初頭に彼も釈放された。その後、再び出家して、僧侶として説法会やマバタの活動はもちろん、フェイスブックやユーチューブといったソーシャルメディアを利用しながら、広範に反イスラーム運動を展開した。たとえば、説法のなかで、ムスリムを狂犬と呼び、その隣で眠ることは不可能だと説き、また、ラカイン州北部のロヒンギャへの国連の支援を批判した。彼にとってスーチーもまた敵であり、「NLDの党員はいまやムスリムたちばかりだ」という明らかなデマすら、自身のフェイスブックページに掲載した[12]。

　サンガ集団の長老の多くは、彼のような活動を支持しておらず、マバタも宗教団体として認めない決定を下している。NGOが主催する各宗教間の交流イベントも増えていて、筆者がよく訪れるヤンゴン郊外のコミュニティでは、無用ないさかいを生むことを避けるために、政治的発言をする僧侶を最近では地区の説法会に呼ばないようにしているという。しかし、反イスラーム的な思想を持つ僧侶が世論に与える影響は依然として大きく、根強いイスラーム脅威論や反イスラーム感情がそう簡単に消えることはないだろう。ソーシャルメディアを通じてさらに拡大する可能性すらある。

4.　新しい情報環境に適応する国軍

　表現の自由の拡大は、それまで情報統制を主導していた国軍にも変化のきっかけを与えた。ミャンマー国軍は、伝統的にきわめて内向きで、外部への情報発信には消極的だった。たとえば、1992年から2011年まで国軍司令官であったタンシュエの動静を知ることは、公開情報ではきわめて難しく、士官学校の卒業式のような国軍関係の式典での訓示はあっても、広く国民に対してタンシュエが語りかけることは稀であった。自身の神格化にも関心を持たず、世界でも有数の目立たない独裁者だったといえる。

　2011年、民政移管に伴ってタンシュエは政界から引退した。代わってミンアウンフラインが国軍司令官に就任した。約20年ぶりの交代である。ミンア

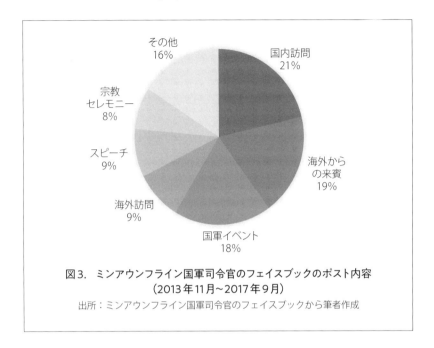

図3.　ミンアウンフライン国軍司令官のフェイスブックのポスト内容
（2013年11月～2017年9月）
出所：ミンアウンフライン国軍司令官のフェイスブックから筆者作成

　ウンフラインはタンシュエより20歳以上若く、新しい政治や社会の環境に適応する柔軟性を持っていた。自身と国軍の情報を積極的に公開していき、その主たる手段がフェイスブックだった。
　ミンアウンフラインが個人名義のフェイスブックのアカウントを開設したのは、2013年11月28日である。ただし、国軍司令官が自分自身でアカウントを管理しているとは考えられず、実質的には国軍がミンアウンフラインの名で投稿をしていたものとみられている。開設から2017年9月末まで筆者が独自に集計した結果によると、2013年11月の開設後、その年は3つのビルマ語のポストがあり、2014年には256（英語訳されたポストは6）、2015年には552（英語訳は110）、2016年は467（英語訳は216）、2017年は9月までに429（英語訳は190）と、頻繁に投稿がなされ、しかも、年ごとに投稿が増えていった[13]。ビルマ語ポストだけでなく、英語ポストが増えているのは海外向けの発信を意識してのことであろう[14]。
　では、投稿の内容はどういったものなのだろうか。図3は、同司令官が2013年11月28日に最初のポストを掲載してから、フェイスブック社にアカウント

が削除される約1年前の2017年9月30日までのポストについて、その内容を分類したものである。司令官の国内視察や、海外からの来賓との会合、演習を含んだ国軍のイベントへの参加、海外訪問といった、国軍司令官としての公的な活動に関するものが主であった。

　2017年9月末時点での各ポストに対する「いいね！」の数を集計したところ、上位3つのポストは以下のとおりであった（図4参照）。最も支持が多かったのは、2016年7月19日の「英雄の日」（1947年に英雄であるアウンサン将軍ら政府幹部が暗殺された日）のアウンサン廟での式典の様子であった。4万3000の「いいね！」が付されている。2番目に多かったのは、2016年9月24日から行われた陸軍と空軍の合同演習のポストである。軍事演習の様子が写真や動画付きで公開されることはこれまでになかったため大変珍しいポストで、約4万の「いいね！」が記録されている。3番目に多い3万1800の「いいね！」は、2016年11月に国軍司令官夫妻が陸海空三軍の関係者と家族の代表として、マンダレーにある僧院（マソーニェイン院）に寄進したというポストである。

　興味深いのは、それぞれのポストが、ナショナリズム、軍事、仏教に関係していることである。いずれも国軍の組織的なアイデンティティと深くつながっている。独立運動の立役者と自認する国軍にとって、ナショナリズムは正統性の核ともいえる。アウンサンら暗殺された政権幹部の死を悼む司令官の姿は、ナショナリズムへの忠誠を示す姿そのものだろう。次に軍事は、いうまでもなく国軍の主任務であり、これまで非公開だった軍事演習を公開することは、より開かれた国軍であることを示すことになる。そして、仏教については、軍事政権時代から、政権幹部が僧侶や仏教施設への寄進を通じて自らをよき仏教徒として見せようとすることは常套手段であった。それを引き継いだかたちでの、仏教を利用したイメージ戦略である。これらを、国軍関係者や同国の保守派など、司令官のアカウントをフォローしている人々が支持することに違和感はない。なお、フォロワーについては、国軍が組織的に作成した、いわゆるフェイクアカウントが含まれているという指摘もあるため、「いいね！」の数を一般ユーザーの支持と受け取ることには注意が必要である。国軍が国民向けに見せたい自己像として理解することもできるだろう。

　以上は、国軍がソーシャルメディアを使って広報を展開しているという事例

①第69回英雄記念日式典（2016年7月19日）

②陸空合同軍事演習（2016年9月24日）

③マソーニェイン院への寄進（2016年11月30日）

図4．国軍司令官のアカウントにおける「いいね！」獲得数上位3ポスト

出所：図3に同じ

だが、その後の展開は多くの人々が予想できないものであった。

　2017年8月25日に北部ラカイン州でロヒンギャの武装集団により30カ所の警察施設が襲撃された。それに対する国軍の掃討作戦の結果、約70万人のロヒンギャが4カ月ほどの間に国境を越えてバングラデシュに流出した。このロヒンギャ危機について、国連人権理事会が国際独立事実解明ミッション（IIFFM）（委員長はインドネシア人のマルズキ・ダルスマン）を設置した。同ミッションは1年後に国連人権理事会に報告書を提出している。400ページを超える報告書の焦点は、北部ラカイン州での国軍の掃討作戦下に起きたムスリムへの人権侵害疑惑である。同時に同報告書は、ミャンマー社会における反イスラーム（あるいは反ロヒンギャ）的な内容を含むヘイトスピーチの拡散が危機の背景にはあったという認識を示した。「政府と国軍双方を含むミャンマー政府当局が、ヘイトスピーチが広がり、人権侵害を正当化させ、また差別と暴力を扇動するような空気を醸成した」と指摘し、さらにヘイトスピーチが拡散するうえでフェイスブックが果たした役割の大きさに言及した[15]。

　この報告書を受けて、2018年8月28日、フェイスブック社はミャンマーでのヘイトスピーチ対策強化のために18のアカウントと52のページを削除する。それらは、のべ1200万人のユーザーにフォローされていたという。削除されたアカウントのなかには、ミンアウンフライン国軍司令官のアカウントや国軍が所有するミャワディTVネットワークのアカウント、さらに国軍が宣伝工作のために作成したとみられるアカウントも含まれていたという。ほぼ国軍を狙い撃ちにしたかたちであった。

　削除されたアカウントやページに反イスラーム的な要素が含まれていなかったのかといえば、それを否定することは難しい。IIFFMの報告書にもあるように、ミンアウンフラインのスピーチには、ムスリムに対する差別的表現である「カラーオウッ」*が使われている[16]。とはいえ、すでにみたように、同司令

---

　*　「カラー」はインド系やムスリムを意味する蔑称である。「カラーオウッ」は、その「カラー」に、集団を意味する「オウッ」という言葉を合わせることで、ビルマ語でラクダを意味する「カラーオウッ」との掛け言葉になっている。ラクダは南アジア、中東をイメージさせる動物であることから、インド系、ムスリムというイメージを喚起し、しかも動物の名と同じ発音で呼ぶことで差別的な響きを強調することになる。

官のポスト全体を考慮すれば、露骨なヘイト表現は必ずしも多くなく、同司令官と国軍の活動を宣伝するものばかりであった。ミャンマーにおけるヘイトスピーチの根本的な解決よりも、フェイスブック社が、国際社会にわかりやすく対応をアピールして企業価値を守ることを優先したように思われる[17]。

　以上の事例が示すのは2点である。まず、新しい情報環境のなかで国軍もまた組織的利益のために、その伝統を変えて適応しようとしているということである。ほかにも、国軍は現代の情報環境下では情報を隠すことが難しいことを自覚し、広報担当者を任命して、現在では記者会見も定期的に開催している。安全保障政策についても、若干ながら透明性が増し、2015年には国軍史上初めて『防衛白書』が英語で作成され、在外公館に配布された。国軍によるインターネット空間での宣伝工作は、実態はわかっていないものの、専門の部署が設置されているという報道がある[18]。

　もう一つの重要な点は、ソーシャルメディアという新しい公共空間が持つ主権国家を超えた性質であろう。国軍が新たな情報発信に利用しようとしたフェイスブックは、海外に拠点を置く私企業が運営する情報プラットフォームであり、当然のことながら、ミャンマーの国内の政治力学は通用しない。そのため、国軍が象徴的な標的になってフェイスブックから排除されたのである。

5. スーチー政権の不寛容

　第1節でみたように、ミャンマーにおける表現の自由の拡大は、検閲の廃止と、通信事業への民間参入の認可、さらにスマートフォンとインターネット通信の普及をテコに進んだ。政府の介入をなくすことと、新しい技術の導入によって、人々はより自由に自分の意見を発信する手段を手に入れたといえる。

　しかしここで注意が必要なのは、政府が介入しないことだけで、表現の自由が社会をよりよくできるわけではないということである。脅迫や名誉毀損が一般的に禁止されていることからもわかるように、表現の自由を十全に機能させるには、政府による一定の管理が求められる。それがないと早々に自由は破綻する。実際、すでにみたように、ミャンマーでは、表現の自由の拡大でヘイトスピーチが広がり、それが宗教間紛争の一因になった。自由をどのように管理

するか、これが民政移管後の2つ目の政権であるスーチーの課題だった。どのように彼女はこの課題に対応したのだろうか。以下では、ロイター記者拘束事件を事例に、政府の対応をみてみたい。

　2017年12月12日、通信社ロイターに所属する2名の記者（チョーソウウーとワーロン）が当局によって拘束された。逮捕の容疑は公的機密法3条1項c違反である。同項は政府の機密情報を取得・収集した場合に、最長14年の懲役を科す条項で、1923年に当時の英領インド政府によって制定され、独立後、引き継がれたものである。

　事件の概要は以下のとおりある。チョーソウウーとワーロンは、北部ラカイン州での国軍の軍事作戦について、現地で取材活動を行っていた。取材活動のなかで、インディン村における民間人10名の国軍関係者による殺害疑惑に関する情報をつかんだ。さらに現地の警察官から機密資料を入手する。この警察からの機密資料の入手直後に、公的機密法違反容疑で2名は逮捕された。のちに、その機密資料は、逮捕の理由をつくるために警察が意図的に提供したことが明らかになっており[19]、また、国軍の内部調査でもインディン村での10名の村民殺害が確認されている[20]。作戦に従事した兵士の一部は軍法会議で裁きも受けている（ただし、約1年後に恩赦で釈放）。

　これらの状況を考えると、ジャーナリストの取材活動のなかに違法な行為が含まれていても、その取材行為がもたらす公益との均衡の観点から、正当な取材行為と認められる可能性が民主的な国の司法ではありうる。少なくとも、法的な検討があってもおかしくないだろう。しかし、2名のロイター記者の取材活動が含む違法性と、憲法上の権利や報道機関の公益性との間の均衡について、法的な検討が司法の場では十分になされないまま、第一審で7年の懲役刑が2名の記者に言い渡された。

　この判決について、当事者が国際的な通信社に所属していたこともあり、国際的な非難が高まった。そのなか、スーチーが火に油を注ぐ。「多くの方が本当に判決の要旨を読んだのかどうか疑問に思います。それは表現の自由とはまったく関係がなくて、公的機密法に関するものです」と判決後に発言したのである。おそらくこの発言は、彼女の頭のなかで、公的機密法違反と表現の自由、あるいは今回の判決で報道機関の公益性がいかに毀損されるかに考えが及

んでいないがために発せられたものだろう。彼女への批判はさらに強まり、国際的な評価をますます下げることにつながった。しかし、それでも、ミャンマー司法府の判断は揺るがなかった。第二審でも第一審の判決が支持された。2019年4月には最高裁で上告が棄却されて刑が確定した。

　事態に変化があったのは、刑が確定した後であった。5月7日、2名の記者は新年の大統領恩赦を受けて釈放された。釈放直後に政府報道官は、今回の恩赦は記者それぞれの妻が手紙でスーチー宛に恩赦を求めたことと、国の利益を考慮した判断だと語った。これは釈放が政治判断だったことを示しており、司法判断が修正されたわけではない。報道関係者をその取材行為を理由に逮捕するという判例は維持され、取材活動の自由が憲法で認められた表現の自由にどのように位置づけられるのか、また、記者の逮捕による萎縮効果がどれほど公共性に悪い影響を与えるのか、司法および社会での議論が深まったようにはみえないのである。

　ほかにも、現政権下では、名誉毀損を理由に報道関係者や市民を政府関係者が告発するケースが増えている[21]。そうした告発の手段のうち、通信法66条dが訴追の法的根拠となる頻度が相対的に高い。66条dの内容は、通信ネットワークを通じた個人に対する強要、脅し、名誉毀損等に対して懲役刑か罰金、あるいは両方を科すものである。この条項が、新聞、雑誌などだけでなく、ソーシャルメディア上の政府批判に対する訴訟の手段としても、2013年の制定時から利用されてきた。前政権下で同項の濫用が表現の自由を脅かすと報道関係者やNGOから指摘されていたため、スーチー政権下で同項の削除も含めた大幅な改正が期待されていた。しかし、改正は行われたものの、有罪時の最長刑期が短縮されただけで（これにより保釈が可能になった）、条項自体は削除されなかった。これは、政府も与党も、インターネット上での名誉毀損に対抗する手段を政府と市民が保持することが必要と判断したためである。結果的に、スーチー政権下で同法違反による訴訟件数は、前政権よりも増加した[22]。

　訴追の対象には報道機関による誤ったニュースもあるが、その半分以上は政府関係者への軽微な名誉毀損が占めている。ティンチョー大統領（2016～2018年）は狂っている、とフェイスブックに書き込んだだけで訴訟に発展したケースすらある。実際に、こうした種類の書き込みはほかにも多くみられ、それら

が訴訟になることはない。きわめて恣意的に法律が運用されているのである。

　以上は、現政権が政府批判に不寛容であることを端的に示しているだろう。また、表現の自由がもたらす悪弊を政府がどのように管理するかについて、現政権が明確な方針を持っていないということもわかる。政府が恣意的な法律の運用で提訴する訴訟件数と、フェイスブック上のヘイトスピーチの数の差を想像してみるとわかるように、政府の訴訟とその効果だけでは、表現の自由を抑え込むことも、健全に機能させることも、どちらもできないからである。

6.　おわりに

　ミャンマーほど閉ざされた情報環境から一挙にネット社会に突入した国は珍しい。表現の自由の拡大とソーシャルメディアの利用がその原動力であった。それらにより、長く抑え込まれていた市民社会は活性化し、同国の民主化が進んだことは否定しようがない。2016年のスーチー政権の誕生にも、スマートフォンによるソーシャルメディアの活用が重要な役割を果たしていた。

　一方で、表現の自由が民主化を停滞させる原因になっていることに本章は注目した。一例は、サイバー空間での反イスラーム言説である。これが一つの原因になって宗教間対立が広がった。政府は、そういった表現の自由の負の効果に対して、いまだ十分に対応できないまま、政府批判に不寛容な姿勢を貫いている。端的にいって、社会の変化に政治指導者も政府の統治能力も追いついていないようにみえる。

　視点を変えると、こうした状況は、国軍が民主制の導入を躊躇する理由と重なる。国軍はかねてから民主制が陥りがちな党派対立を警戒し、それが最終的に社会不安や国家の分裂に至ることを不安視してきた。現在起きている事態は、そうした国軍の民主制への警戒感を裏打ちするようなものである。国軍は自身の民主主義観にますます自信を持つだろう。となれば、自身が拒否権を握っている憲法改正には後ろ向きになる。結果、民主化はますます停滞するという悪循環にはまり込む可能性が高い。

　さらに、ソーシャルメディアが持つ社会の分断化効果は、すでに他国で進んでいるように、ミャンマーでも今後大きくなることが予想される。ソーシャル

メディアを利用した世論操作の政治も本格化するだろう。分断された政治勢力間の闘争や社会紛争の道具にソーシャルメディアはなりかねないのである。そうした動きに対して、中国政府のように、技術を権威的な統治に積極的に採用して対抗すること（デジタル・レーニン主義）は、ミャンマーでは考えにくい。政府にそうした意思が乏しく、能力的にも困難だからである。では、フェイスブック社が、主権の外からミャンマーの表現の自由に秩序をもたらすかといえば、それもまた望みが薄い。

　こう考えてくると、民主化を目指して戦ってきたスーチーが安定した政権基盤を築いてもどうして民主化を進めることができないのか、スーチーと国軍の対立という見方とは別の角度から理解することができるだろう。本章で、表現の自由の拡大や、ソーシャルメディアの役割を通してみたように、民政移管後にミャンマー社会は大きく変容した。この社会変容はもはやスーチーや国軍といった特定の指導者や組織が抑え込んだり、コントロールできたりするものではない。今後の同国の民主化を後押しするのかどうかについても、控えめにいって不確実であり、いまのところ悲観的な観測のほうが説得力を持つだろう。

注記 ────────────────────────────────────

(1) メディアの自由化による市民社会の活性化については以下を参照。BBC Media Action, "Citizen Engagement in Burma: Trends, Barriers and the Role for Media," 2014.

(2) さらに、政党の選挙キャンペーンだけでなく、ソーシャルメディアが選挙の公平性の確保に貢献したことも重要だろう。各投票所の投票結果がすぐにフェイスブックでのポストを通じて政党、マスコミ、一般有権者に共有され、投票所での不正を抑制する役割をソーシャルメディアは果たした。

(3) メディア改革に関する政権内での攻防についてはテインセイン政権期の情報大臣であるイェトゥッによる回顧録が興味深い。Ye Htut, *Myanmar's Political Transition and Lost Opportunities (2010-2016)*, Singapore: ISEAS - Yusof Ishak Institute, 2019, Ch.9.

(4) ミャンマーのメディア環境の変容については以下を参照。Lisa Brooten, Jane Madlyn McElhone and Gayathry Venkiteswaran, *Myanmar Media in Transition: Legacies, Challenges and Change*, Singapore: ISEAS - Yusof Ishak Institute, 2019.

(5) その後、同業内の競争やインターネットとの競争で淘汰が起こり、現在まで発行を続けている民間の日刊紙は、「デイリー・イレブン（Daily Eleven）」「セブンデイ・デイリー

（7 Day Daily)」「ヴォイス・デイリー（Voice Daily)」など7社である。

（6) The International Programme For the Development of Communication, *Assessment of Media Development in Myanmar: Based on UNESCO's Media Development Indicators*, Bangkok: UNESCO, 2016.

（7) Hootsuite, "Digital 2019: Myanmar." http://themimu.info/sites/themimu.info/files/documents/ Report_Digital_2019_Myanmar_Kepios_Jan2019.pdf（2019年11月27日アクセス）。なお、フェイスブック利用者の年齢層は18歳から24歳の男性が全体の27%、25歳から34歳までの男性が24%、続いて18歳から24歳までの女性（17%）、25歳から34歳までの女性（13%）と続く。つまり、10代末から30代前半が主な利用者である。

（8) Michael Mann, *The Dark Side of Democracy: Explaining Ethnic Cleansing*, Cambridge: Cambridge University Press, 2005.

（9) Min Zin, "Anti-Muslim Violence in Burma: Why Now?" *Social Research*, Vol. 82, No. 2, Summer 2015, pp. 375-397.

（10) 当時のメディアの記録としては以下が有用である。ややラカイン族（仏教徒）に情報源が偏っていることに注意が必要である。"Update timeline of situations in Rakhine State," *Weekly Eleven News*. https://web.archive.org/web/20120612204339/http://eversion.news-eleven. com/index.php?option=com_content&view=article&id=575:curfew-imposed-in-rakhine-township-amidst-rohingya-terrorist-attacks&catid=42:weekly-eleven-news&Itemid=109（2019年11月27日アクセス）。

（11) この事件をはじめとして、ジェンダーと噂が暴動に与える影響については以下を参照。Gerard McCarthy and Jacqueline Menager "Gendered Rumours and the Muslim Scapegoat in Myanmar's Transition," *Journal of Contemporary Asia* 47(3), 2017, pp. 396-412.

（12) 紛争の背景にある種々の言説については以下を参照。Matthew J. Walton and Susan Hayward, *Contesting Buddhist Narratives: Democratization, Nationalism, and Communal Violence in Myanmar*, Honolulu: East-West Center, 2014. 邦語では『宗教問題』2017年秋季号の特集を参照されたい。

（13) 集計のもとになったフェイスブックの記録は筆者が保管している。ポストの数については同じイベントへの写真の追加といったものも含んでいる。

（14) ほかにも国軍が「ミャワディ」という日刊紙を発行しているが、ネット配信が中心で、書店や街頭のニューススタンドでほとんど販売されていない。多くの読者は（いるとすれば）インターネット上で読んでいる。

（15) Report of the detailed findings of the Independent International Fact-Finding Mission on Myanmar to United Nations, Human Rights Council (A/HRC/39/CRP.2) (17 September 2018), p. 1310.

（16) *Ibid.* p. 326.

（17) その後フェイスブック社は、それまで軽視していたミャンマー語によるヘイトスピーチへの対応を強化し、国軍関係以外のアカウントやポストも閉鎖している。なかには前述

の反イスラーム運動を指導するウィラトゥのアカウントも含まれていた。

(18) "A Genocide Incited on Facebook, With Posts From Myanmar's Military," *New York Times*, 15 October 2018. https://www.nytimes.com/2018/10/15/technology/myanmar-facebook-genocide. html（2019年11月30日アクセス）。

(19) "Police Officer Admits to 'Setting Up' Two Reuters Journalists," *Irrawaddy*, 20 April 2018. https://www.irrawaddy.com/news/burma/police-officer-admits-setting-two-reuters-journalists. html（2019年11月27日アクセス）。

(20) 拘束されたロイター記者の取材内容も含んだレポートは「特別リポート：ロヒンギャの惨劇　彼らはどう焼かれ、強奪され、殺害されたか」（2018年2月12日）https://jp.reuters.com/article/rohinghya-idJPKBN1FW040（2019年11月27日アクセス）として発表され、2018年のピューリッツァー賞（国際報道部門）を受賞している。

(21) より包括的な状況については以下のレポートが参考になる。Human Rights Watch, "Dashed Hopes: The Criminalization of Peaceful Expression in Myanmar" (February 2019).

(22) 政府が原告となるだけでなく、市民の間でも紛争が生じうる。たとえば、ウィラトゥを還俗させるべきだ、とフェイスブックに上げたジャーナリストが、同僧の支持者による告発を受けて訴追されたケースもある。

第7章

権威主義体制下のサイバー空間：
タイ軍事政権による情報統制

外山文子

1. はじめに

　2014年5月、タイで国家平和維持評議会（NCPO）[*]によるクーデターが実行
された。タイ史上、実に19回目となるクーデターであった。クーデター後に
は、軍事政権であるプラユット暫定政権が誕生した。プラユット暫定政権に
は、従来の軍事政権とは異なる特徴が1点存在した。それは、過去に例をみな
いほどの厳しい情報統制である[1]。情報統制のターゲットとされたのは、イン
ターネット、とくにフェイスブックやツイッターなどのソーシャルメディアで
あった。タイでは長らく軍部がテレビやラジオといった放送メディアを統制し
てきた。しかし、2006年頃からタイ国内で急速に拡大したソーシャルメディ
アに対する規制は、なかなか簡単には進まなかった。2008年頃から2014年ま
でタイ政治を騒がせてきた「赤シャツ 対 黄シャツ」の大衆デモの対立の際に
は、双方の勢力ともフェイスブックやツイッターを使用して民衆を動員し、自
らの考えを宣伝し、そして政敵を激しく攻撃した[2]。

　大衆デモによる混乱のなか、NCPOはクーデター実行後、ただちにソーシャ
ルメディアの情報統制に着手した[3]。矢継ぎ早に革命団布告^{**}が出され、関連
法の改正に着手したことが発表された。プラユット暫定政権による情報統制に
ついては、一部の研究者から1970年代の反共産主義運動のデジタル版という

---

　[*] 軍がクーデターを実行する際に結成した組織。NCPOの指導者およびクーデター後の
　　2014年8月に発足した軍事政権の首相はともにプラユットである。

様相を呈しているとの指摘が出ている[4]。冷戦期にはビレッジ・スカウト[***]などにより一般国民が監視されたが、21世紀にはサイバー空間において「魔女狩り」が行われているというものである。

　国際NGOフリーダムハウスが発表しているインターネット上の自由度に関する評価によると、タイは、2011年と2012年は「非自由」、2013年は「部分的自由」と若干改善したものの、2014年には再び「非自由」に格下げされ、2018年まで5年連続で「非自由」に分類されている。サイバー空間における情報統制が厳しい状況にあることがわかる。

　プラユット暫定政権は、2019年3月総選挙後も親軍政党による連立政権と任命制の上院を権力基盤として、プラユット自身が再び首相に就任することで生き残った。そして現在も厳しい情報統制を継続している。2019年11月1日には、新たに「反フェイクニュース・センター」が設置された。

　本章では、2014年クーデター以後のプラユット（暫定）政権による情報統制について、その特徴と民主化に対する影響を検証する。一連の作業を通じて、同政権のソーシャルメディア取り締まりが、サイバー空間において言論の自粛状況を醸成し、タイ民主化を阻害していることを論じる。

2. 21世紀のタイ政治──大衆デモと2度のクーデター

　まず21世紀に入ってからのタイ政治について概観しておきたい。表1にまとめたように、2006年と2014年に2度クーデターが起き、クーデターの合間には、数年にわたり大規模な大衆デモが繰り返されてきた。

　　**　軍がクーデターを実行し憲法を破棄した後に出す、法律と同等の効果を持つ規定で、クーデター布告ともいう。1958年クーデターから用いられるようになった。新憲法が制定された後も、革命団布告の法的効力は存続する。革命団布告の法的効力は、最高裁判所や憲法裁判所によっても容認されてきた。詳しくは以下の文献を参照。今泉慎也「第1章　タイ立法過程の構造と特徴」今泉慎也編『タイの立法過程──国民参加への模索』アジア経済研究所、2012年、pp. 9-74。

　***タイでは冷戦期の1970年代に、地方において共産主義者、民主派団体、革新派の農民組織を取り締まるために創設されたビレッジ・スカウトという右翼ボランティア組織が存在した。同組織は、王室からも援助を受け、内務省の管理下に置かれた。

表1.　21世紀のタイ政治

年	国王	政権	大衆デモ
2001	プーミポン国王	タックシン政権	
2002			
2003			
2004			
2005			
2006			黄色（反タックシン）
2006年9月クーデター			
2007	プーミポン国王	スラユット暫定政権	休止
2008		タックシン派政権	黄色
2009		非タックシン派政権	赤色（タックシン派）
2010		（アピシット民主党政権）	
2011		タックシン派政権	赤色、黄色
2012			黄色
2013			黄色
2014			黄色
2014年5月クーデター			
2015	プーミポン国王	プラユット暫定政権	休止
2016	プーミポン国王 →ワチラーロンコーン国王		
2017	ワチラーロンコーン国王		
2018			
2019		プラユット政権	

出所：筆者作成

　タイは、1932年立憲革命により絶対王政が打倒された後も、時代によって各勢力間のパワーバランスの変化はあれども、王室を頂点に軍部と官僚が政治権力を掌握してきた。また1957年以降は、軍部のクーデターもプーミポン国王の承認により正当性を付与されるようになり、相互に支え合う関係であった[5]。クーデターという軍部の伝家の宝刀も、王室の権威があってこそ使用可能なのである。

　2001年の総選挙で、タックシン・チナワット率いるタイ愛国党が歴史的な

大勝を収め、タックシン政権（2001～2006年）が誕生した。タックシンは、実業家として成功後に政界に参入し、地方農村部を中心とする有権者からの高い支持を背景に政権を樹立した。

　しかし2001年総選挙当時から、プーミポン国王がタックシンを嫌っていると思われる発言を行っていたため、王室とタックシンとの間の関係が良好ではないと噂された。政権発足後はタックシンに対して、裁判所、独立機関、軍部の人事に政治介入を行っている、国王に対する敬意を欠いているなどの批判が一部国民の間から起こるようになった。

　2006年初めからは反タックシン派（通称、黄色シャツ）による大規模なデモが繰り広げられるようになった。これに対抗して、タックシンの支持者もデモを行うようになった。混乱のなか2006年9月に軍部がクーデターを実行した。その後、2007年12月に総選挙が実施され、いったんは民政復帰した。

　ところが総選挙でタックシン派が再び勝利したことから、反タックシン派がデモを再開した。タックシン派も大規模なデモを開始し（通称、赤シャツ）、両勢力の激しい衝突が始まった。2009年3月にはタックシンが、自らを追放した2006年クーデターの首謀者はプーミポン国王の右腕である枢密院議長プレーム元陸軍司令官だったと主張したことにより、王室とタックシンとの亀裂が決定的となった。その後、タックシン派と反タックシン派との対立は過激化の一途をたどり、2014年に再びクーデターが起きプラユット暫定政権が誕生した。

3.　ソーシャルメディアと政治的亀裂の深まり

　タックシン派と反タックシン派との衝突のなかで、路上での大衆デモと並んで重要な役割を果たしたのがソーシャルメディアであった。東南アジア諸国全般にソーシャルメディアは広まっているが、タイでも若者を中心に日常的にソーシャルメディアを利用する人は多い。ソーシャルメディアの利用状況については、カナダのフートスイート（HootSuite）の2019年の統計によれば、約7000万人の人口のうち、インターネット利用者は82％にあたる5200万人、ソーシャルメディア利用者は74％の5100万人いるとされる。また、タイで広く利用されているソーシャルメディアは、フェイスブック、ライン、インスタ

グラム、ツイッターの順となっている。フェイスブックの利用者は5000万人とされ、多数のタイ人がフェイスブックを中心とするソーシャルメディアを日常的に利用している状況である。

　タックシン派と反タックシン派は、ともに政争においてソーシャルメディアを活用した。海外亡命中のタックシンは、2009年にツイッターを開始した。タックシンはツイッターなどを通じて支援者たちに自らの考えを伝え、反タックシン派に対する徹底抗戦を呼びかけた。またタックシン派グループの「赤シャツ」も、2010年初めにフェイスブックのグループを立ち上げ、政治的見解や集会などの活動について情報を拡散するようになった。これに対して反タックシン派も、王室に対して敵対的だとされる赤シャツに社会的制裁を加えることを呼びかけるフェイスブックを立ち上げるなどした。同アカウントは多数のフォロワーを集め、賛同者たちが赤シャツに対する攻撃を開始した。

　ソーシャルメディア上で攻撃の中心的対象となったのは、海外亡命中のタックシン元首相と、プーミポン国王を中心とする王室であった。反タックシン派は、タックシンが政治的に国王に取って代わろうとしていると攻撃した。これに対してタックシン派は、タイ民主化を阻害しているのは王室であると批判し、反王室の感情を煽る者も出た。いずれの主張も具体的な証拠があるわけではなかったが、両勢力ともフェイスブックなどに政敵を「悪」として描く画像をアップするなどして攻撃し続けたため、国内の政治的な亀裂がいっそう深まった。この政争を通じて、タックシンのみならず、長らく国民の尊敬を集める存在として崇められていたプーミポン国王や王室に対する民衆の批判が広まった[6]。

　政争が長期化するなか、2010年頃からプーミポン国王の健康状態が悪化した。2016年10月にプーミポン国王が崩御し、ワチラーロンコーン国王へと代替わりがなされた。しかし現国王は、前国王とは異なり、結婚と離婚を繰り返すなど、インターネット上には多くのスキャンダル情報が流れている。このためワチラーロンコーン国王に対する国民の目は厳しい。

　ソーシャルメディアなどを通じて王室に関して悪評が流れ続ければ、軍部が権力の源泉として依拠してきた王室の権威が揺らぐこととなる。王室にとってのみならず軍部にとっても、自らの政治的影響力を失いかねない深刻な事態となった。

4. プラユット暫定政権の登場と情報統制

プラユット暫定政権の姿勢

　プラユット暫定政権は、クーデター実行直後からソーシャルメディアを非常に警戒していた。同政権は、ソーシャルメディア事業者に対して「暴力を引き起こし、法を破り、軍事政権を非難するようなメッセージ」を止めるように協力を求めた。そして「もし違反があれば、我々は即刻サービスを停止させる。責任者を訴追するために召喚する」と宣言した（2014年5月）。また同年8月には、関係省庁によるセミナーがタイ・ジャーナリスト協会において開催され、メディア関係者に対して軍事政権の情報統制に関する方針が説明された。その席上でもソーシャルメディアに対する言及があり、担当者からは「ソーシャルメディア上には事実と異なるフェイクニュースが多く、社会を混乱させるものだ」との発言があった。

サイバー空間の取り締まり法律——最後の自由空間から地雷原へ

　ではプラユット暫定政権は、情報統制のためにどのような規制を定めたのだろうか。現在、情報統制の根拠とされる主な法律等は、以下の3種類である。これらに加えてクーデター実施後から2015年4月までは、軍事政権は戒厳令によって裁判所の許可なくあらゆる行動を禁止し、メディアを監視し、最長7日間国民を拘束することできた。

■革命団布告、命令（2014 ～ 2019年）

　まず注目すべきは、情報統制に関する革命団布告および命令の数の多さである。プラユット暫定政権の中核となっていたNCPOは、クーデター実行直後から多数の革命団布告と命令を出した。その数は約5年間に革命団布告127と命令214にのぼる。

　放送メディアに対しては、革命団布告第18号（2014年）により、王室に関する虚偽の情報や不敬となる情報、国家の治安を脅かす情報、NCPOに対する批判、国家の分裂を引き起こすような扇動などに関する情報を放送することが禁じられた。

　ソーシャルメディアを規制する革命団布告は、2014年に出された第12号「オンラインメディアへの協力要請」および第17号「インターネットを介した情報の普及」である*。第12号には「誤解を生み、対立状況を悪化させ、そして早急に社会に幸福を取り戻そうとする当局の治安維持に影響を与えることになるような歪曲された情報ではなく、正しさを持った情報を国民に普及するために、ソーシャルメディアの事業者や関係者からの協力をお願いしたい」と定められていた。第17号もほぼ同様の趣旨であった。

■ コンピューター犯罪法（2007年制定、2017年改正）

　コンピューター犯罪法は、2006年クーデター後にスラユット暫定政権下で制定された。同法は、刑法において定められた犯罪が、サイバー空間において行われた際に取り締まりを行うための根拠となる。

　当局による取り締まりの根拠として頻繁に使用される14条では、「偽造または虚偽のコンピューター情報を、他者や国民を傷つけるようなかたちでコンピューターシステムに入力すること」や「虚偽の情報を、国家安全保障を破壊する、または国民にパニックを起こさせるようなかたちでコンピューターシステムに入力すること」を行った場合には、5年未満の懲役か10万バーツ以下の罰金が科されると定められた。重要なことは、同条が定める「国家安全保障を破壊するかたち」には、王室に対する不敬も含まれるという点である。そのため、同法14条と刑法112条「不敬罪」**の合わせ技で取り締まりが行われることが多い。また、刑法116条「扇動罪」も近年頻繁に適用されるようになった。

　プラユット暫定政権のもとでは、同法のさらなる強化がなされた。2017年改正法では、情報統制を担当するデジタル経済社会省に強力な権限が与えられた。同省の権限が拡大され、国家安全保障、公共の安全、国家経済の安定、公共の利益のためのインフラに関する行為までが同省による取り締まりの対象と

---

　*　これらは、2019年5月にプラユット首相によって取り消された。

**　国王、王妃、王位継承者または摂政に対して中傷や侮辱を行った者に対して3年から15年の禁固刑に処するものである。21世紀に入ってから取り締まり件数が増加し始め、とくに2014年クーデタ以降は急増した。詳しくは以下の文献を参照。David Streckfuss, *Truth on Trial in Thailand* (Rethinking Southeast Asia). Routledge, 2011.

なった。また改正によって、同省大臣は「コンピューター情報検査委員会」を任命する権限を付与された。担当官は、流通するデータが国家の安全、平和や秩序、良き道徳に影響がある場合は、それらのデータが刑法違反ではない場合であっても、裁判所に対して情報の停止や削除を求めることができると定められた[*]。

■ サイバー安全保障法（2019年制定）

2019年2月末に、翌月に総選挙が実施される直前に駆け込みで制定され、国民やマスメディアの間で論争を巻き起こした法律である。批判が起きた理由は、同法が「サイバー安全保障委員会（NSCS）」および「サイバー安全保障監督委員会」の設置を定めているからである。NSCS委員長には首相が就任するとされ、国防大臣、デジタル経済社会大臣、財務省事務次官、法務省事務次官、国家警察長官、国家安全会議事務局長および7名以内のサイバー安全保障の専門家から構成されると定められた。また、サイバー安全保障監督委員会の委員長はデジタル経済社会大臣とされ、委員には国家警察庁長官、国軍司令官、国家安全会議事務局長、タイ国銀行総裁などが含まれると定められた。

当局は、同法に基づいて「サイバー安全保障の危機」が生じた場合には、（1）捜査において必要な情報、文書または文書の複写を要求すること、（2）捜査のためにコンピューターやコンピューターシステムを調査し、コンピューターや文書を押収すること、（3）深刻なサイバー安全保障の脅威に関する即時のコンピューター情報にアクセスすること、（4）深刻な脅威に対処する際には、裁判所による許可なしで行動を行うことができること、とされた。当局は広範な権限を外部からのチェックなしで行使できることに加えて、「サイバー安全保障の危機」の定義が非常に曖昧であるため、当局による濫用の危険性の高い法律である。

前述のように、コンピューター犯罪法は不敬罪との合わせ技で適用されるこ

---

[*] 同法の下では、デジタル経済社会省が取り締まりの主体であるが、法務省特別捜査局（DSI）の捜査に関する規則のもとでは、捜査官はネットのやりとりに介入して、裁判所の命令なしに個人情報を集めることができるとされている。

とが多い。ところが不敬罪は、実際にはどのような言動が不敬罪に問われるのかの基準が明確ではない。なぜなら、被疑者の発言が報じられるとその発表を通じて再度王室の権威が傷つけられるという理由により、事件の詳細が一切伏せられるためである。加えて2014年クーデター後からしばらくの間は、一般市民であっても不敬罪や軍事政権に対する批判が理由で逮捕された者については、軍事裁判所で審理がなされることとされていた。つまり、何をもって逮捕されるのか、どのように有罪の判断が行われ量刑が決定されるのか、すべてが闇のなかである。一連の法律の制定により、ソーシャルメディアを中心とするタイのサイバー空間は、民主主義を語ることのできる最後の自由空間から、軍事政権が民主派勢力を打倒するための地雷原へと変化した。

5.　ソーシャルメディアの取り締まり

　プラユット暫定政権下における主な取り締まり機関としては、陸軍サイバーセンター、国家警察テクノロジー犯罪取締局、デジタル社会経済省（MDE）の3機関が挙げられる。このうち、プラユット暫定政権下で新設された（権限を強化されて改組された）機関は、陸軍サイバーセンターとデジタル社会経済省の2つである。国家警察テクノロジー犯罪取締局は、2009年に反タックシン派であったアピシット民主党政権のもとで設置された。これらに加えて、法務省特別捜査局（DSI）や、法務省および警察が管轄するボランティアのサイバー監視組織であるサイバースカウトなども情報統制に関与している。本節では、陸軍サーバーセンターを取り上げる。数ある取り締まり機関のなかでも、元陸軍司令官を首相にいただくプラユット暫定政権の取り締まり姿勢を最もよく反映しているのが陸軍サイバーセンターだと思われるからである。

陸軍サイバーセンター——設立の経緯と任務
　陸軍サイバーセンターは、1994年に創設された陸軍情報センターが始まりである。その後、2001年には陸軍テクノロジーセンターとして改組された。そして2016年11月、プラユット暫定政権のもとでサイバー空間の取り締まり強化のため、陸軍サイバーセンターとして組織が強化された。軍事政権および

国防省の政策方針に基づき、とくに2016年10月から2017年9月までの期間は、陸軍サイバーセンターによる取り締まり強化期間と定められた。

　同センターの主な任務は、サイバー空間における問題の監視、警告、防止、解決、サイバー空間の取り締まりに関する任務遂行能力の向上、事件が起きた際の電子的証拠の調査、王室や国家安全保障に関する情報の調査、陸軍および関係組織の情報オペレーションの補助など多岐にわたる。

　非常に多岐にわたる任務を遂行することとなった陸軍サイバーセンターであるが、具体的にはどのような情報を取り締まるとされたのだろうか。同センターの任務に関する記述のなかには十分に明記されていないが、軍関係者の会見やセミナーにおいて幾度か言及されている。

　2015年10月19日、国軍最高司令官、陸軍司令官、海軍司令官、空軍司令官、国家警察庁長官がバンコクの国軍司令部に集まり、陸軍サイバーセンターの開設を宣言した。席上では、サイバーセンター設置の目的は、デジタル時代におけるサイバーセキュリティのためのメカニズムの立ち上げであると説明された。しかしその後、同セミナーにおいて、国軍司令官から治安部隊のもう一つの主要な任務として、以下の点が付け加えられた。

　　敬愛される国王を守ることと、国王、王妃、その他王族を称える活動を組織すること。

　遡ること約半年、2015年4月に陸軍の情報部門がセミナーを開催した。同セミナーでは、サイバーセンターの重要な任務の一つは、メディアやソーシャルメディア上で流通する情報をトラッキングし、選別することだと説明された。「監視、検証、警告」とのタイトルがつけられた資料には、監視すべき人物の例として、元タムマサート大学講師のソムサック・ジアムティーラサグン、タックシン派の赤シャツデモ隊のリーダー、タックシン元首相の長男が例に挙げられた[7]。

　赤シャツデモ隊のリーダーとタックシン元首相の長男が取り締まり対象に挙げられたのは、やはり赤シャツとタックシンが一連の政争のなかで、王室および王室に近い勢力に対して批判を行ってきたためであろう。タックシン自身は

2014年クーデター以降、ソーシャルメディアを通じたメッセージの発信が少なくなっているものの、長男が後継者として政治的影響力を持つことを警戒したためだと思われる。

　またソムサックは、反王室主義者、不敬罪廃止論者として有名な論客である。2014年クーデター以前から枢密院や王室財産管理局の廃止などを訴えてきた。2014年クーデター後は「姿勢矯正（*prap thasanakati*）」に召喚されたが拒否し、現在はフランスで亡命生活中である。フランスに亡命後も、フェイスブックやツイッターなどのソーシャルメディア媒体を通じて王室批判を繰り返している。

　これら三者が取り締まり対象の例として示されたということは、陸軍サイバーセンターの設置目的が、純粋にサイバー空間の安全保障のためのものではないことは明らかである。同センターがサイバー空間から排除すべき「悪」は、タックシン派勢力と反王室主義者であり、取り締まりはあくまで政治的道具としての色が濃い。

　陸軍サイバーセンターは、2017年5月に、過去7カ月間の情報統制が成功であったとして成果発表を行った。同サイバーセンターは、プーミポン国王の崩御後、不敬罪に該当する435のサイトを閉鎖したと主張した。同センター長の発表によると、不敬罪にあたる内容を含む820のサイト（フェイスブック：365、ユーチューブ：450、ツイッター：5）の検査を行い、その後、デジタル経済社会省、DSI、国家警察テクノロジー犯罪取締局の協力を得て、ウェブサイトへのアクセス制限を行ったとされる[8]。これに対して、反タックシン派がタックシンを批判したからといってアカウントを閉鎖されることはなかった。

取り締まりの特徴

　では、軍事政権によるソーシャルメディアに対する情報統制は、どのような状況となっているのだろうか。世界各国のソーシャルメディアに対する取り締まりや情報操作を調査した報告書によると、タイにおけるソーシャルメディアの情報操作は、主にフェイスブックとツイッターを舞台に行われているとされる。世界的に情報操作のアクターとして分類されるのは、政府機関、政治家・政党、民間事業者、市民社会組織、市民や影響力者（インフルエンサー）とされ

図1. 陸軍サイバーセンターフェイスブック
出所：https://www.facebook.com/ArmyCyberCenter/
（2019年11月18日アクセス）

る。多くの国では、政府機関とならんで、政治家、政党、市民社会組織も情報操作に関与している。しかしタイおいては、政党、政治家、市民社会組織は関与しておらず、政府機関と市民との間で情報操作が行われている点が特徴となっている[9]。

　また当局による取り締まり手法も比較的シンプルで、市民を扇動するために誤った情報や報告書を意図的に流すことは少なく、アカウントの監視がメインの活動となっている。タイ当局による情報統制の常套手段は、URLやソーシャルメディアのアカウントの削除である。当局側は閉鎖したURLを公表したことがないため全体像を把握することは困難であるが、URL削除は2008年から増加を始め、2013年までの6年間で10万件を超えたとされる。

　2014年クーデター後、プラユット暫定政権は革命団布告第17号を発表し、インターネットプロバイダーに対して「事実を歪曲し、無秩序を引き起こし、国家の治安に影響を与えうるような情報」の監視と拡散の防止を命じた。また2015年1月には、国家放送通信委員会（NBTC）が監督官庁として、プロバイダーに対して「秩序を破壊するようなコンテンツ」を監視するように求めた。これらの命令は、あらゆる階級の役人およびプロバイダーに対して、自らの判

断のみでサイトをブロックすることを許可したため、これ以降は検閲に関する公的な統計は存在しない状態となった。

　2016年初頭には、軍事政権が任命した諮問機関である国家改革推進会議（NRSA）のなかのメディア改革委員会から、暫定政権に対して、グーグル、フェイスブック、ラインの各社と協力してソーシャルメディアの書き込みを監視する特別組織の設置の提言がなされた。2016年10月にプーミポン国王が崩御したが、前国王の崩御後に情報統制が大幅に強化され、数千ものサイトが削除されたといわれる。国王崩御直後には、MDEが100名の職員を雇い、国営通信会社TOT内に設置されたサイバーセキュリティ操作センター（CSOC）にてネットメディアの監視にあたらせた。MDEの発表によると、同センターは600以上のサイトをブロックした。

　また独立機関であるNBTCは、すべてのインターネットプロバイダーにコンテンツを確認するように命じた。これを受けていくつかのプロバイダーは、利用者に対して、フェイスブックやユーチューブなどに不適切な情報を発見した場合には報告するように求めた。

　プラユット暫定政権は、フェイスブックやラインなどのソーシャルメディアの代表者とも会合を持ち、違法な内容を監視しブロックするように求めた。これに対して各社は、タイでのみ適用となる特例規則を設けることを躊躇した。しかし実際には、数社が一部のケースについて、暫定政権の求めに応じてアカウントの削除やブロックを行ったことを認めている。たとえばフェイスブック社は、2016年1月から6月の間に10件、7月から12月の間には40件の削除を行ったと発表した。また、外国を拠点とする活動家のフェイスブックへのタイ国内からのアクセスがブロックされていることが判明するなど、当局による情報統制は網の目のように張り巡らされていった。

　上記のように多数のアカウントが削除されてきたが、やはり取り締まりの中心は王室に関する情報である。2017年5月には、不敬罪などに抵触する違法な投稿をブロックできないという理由で、タイではソーシャルメディアは禁止になりかけた（のちに撤回）。フェイスブック社のレポートによると、2017年7月から12月までの間にフェイスブック社に対して139項目の削除依頼があったが、そのうち138項目が不敬罪に関するものだった。

2017年7月には、MDEがインターネット利用者に対して、王室批判を繰り返し海外亡命中の2名の著名なタイ人研究者と、同じく王室批判を行ったイギリス人ジャーナリスト1名のソーシャルメディアをフォローしたり、投稿内容をシェアしたりすることを控えるようにとの命令を出した。この命令は法律に基づくものではなかったものの、少なくとも6名が当該研究者1名の書き込みをシェアしたかどにより拘束されている。

　王室関連の情報統制として有名な事件の一つが、2016年3月に起きたタイ東北部の学生で民主活動家のジャトゥパット・ブーンパッタナラクサ（通称、パイ）の逮捕である。パイは、BBCタイが報じたワチラーロンコーン国王の経歴に関する記事を自分のフェイスブックでシェアし、いくつかの言葉を引用したことが不敬罪にあたるとされた。

　投稿をシェアしたのはパイだけでなく、また彼がシェアに際して批判的なコメントを付記していたわけではない。BBCタイによると、2017年4月までに300万人以上が同サイトを閲覧しており、また2000人以上が投稿をシェアしている。このことから、民主活動家のパイは、意図的に選び出されて逮捕されることになったと思われる。2017年8月には懲役5年との判決が下りた。しかしその後も、彼の仲間である民主活動団体「New Democracy Movement」のメンバーが繰り返し東北部の街コーンケーンを訪れ、パイの釈放を求める様子がソーシャルメディアで幾度も報じられた。投稿にはタイ国民の間に注意を喚起するために「#freepai」のタグが付けられ、フェイスブックには専用アカウントも設けられた。最終的にパイは、2019年5月の新国王戴冠式の後に恩赦によって釈放された。

2019年3月総選挙とソーシャルメディア

　情報統制は、王室関連の情報にとどまらない。2019年3月に実施された総選挙にも多大な影響を与えた。

　政党が集まる討論会や、各種セミナーの情報はフェイスブックなどで広く告知され、ソーシャルメディアは集客に役立った。また一部のセミナーはフェイスブックライブで放送され、当日会場に駆けつけられない人々も、インターネットを通じてリアルタイムで視聴することができた。タイでは、セミナー

図2.　BBCタイのスクリーンショット

出所：https://www.bbc.com/thai/thailand-38173269

（2019年11月18日アクセス）

のフェイスブックライブは近年流行となっており、従前のように後からユーチューブに映像をアップする形式よりも、セミナーの最中にフェイスブックに意見を書き込んだり、「いいね！」ボタンを押して賛同を示したりすることができることが大きな利点となっている。

　ところがソーシャルメディアは、今回の総選挙において十分に政治的意見の交換の場になったとはいえなかった。プラユット首相自身は、2018年10月からソーシャルメディアによる広報活動を開始したが、政党に対しては選挙法が制定されるまではソーシャルメディアを使用することを禁じると命じたためである。またプラウィット副首相は、政党によるソーシャルメディアの使用は、政治プロパガンダの拡散を禁じたコンピューター犯罪法に抵触すると警告した。12月に入り、ようやく政党による政治集会や資金集めについて禁止を解除したものの、選挙キャンペーンやソーシャルメディアの使用については選挙委員会の判断待ちとして禁止解除を延期した。

　2019年1月には、軍事政権側から圧力を受けたフェイスブック社が、海外からの政治的寄付については禁じると発表した。また選挙委員会は、選挙キャンペーンにおけるソーシャルメディアの使用に対して厳しい制限を設けた。ソーシャルメディアの投稿に対して、候補者の氏名、写真、経歴、政党ロゴ、政策

とスローガン以外の情報の掲載を禁じた。選挙委員会による同ルール発表の数時間後、タックシン派政党のタイ貢献党の選挙戦略部門長であったスダラットは、選挙委員会の規則に違反することを避けるため、自らのフェイスブックのアカウントを消した。また3月には、選挙委員会がソーシャルメディアの活動を監視するための「戦争部屋」も設置された[10]。

　ソーシャルメディアは、確固たる集票ネットワークを持たない新興政党にとってより重要なツールである。そのためソーシャルメディア使用への制限は、古参の政治家や政党により有利となる。ソーシャルメディア利用制限の最大の受益者は、古参の政治家を集めてつくられた親軍政党であろう。

　ソーシャルメディアは、政治家に対する取り締まり手段ともなった。総選挙の実施前、そして実施後にターゲットとなったのは、若者から人気を集める新未来党の若き党首タナートーン・ジュンルンルワンギットであった。タナートーンおよび同党の幹部は、政権を樹立した暁には軍事予算を削減すると明言して軍部から猛反発を受けた。タナートーンおよび他2名のメンバーは、2018年6月にフェイスブックライブで放送されたセミナーにおいて軍事政権に関する虚偽の情報を拡散したかどで、コンピューター犯罪法違反の嫌疑をかけられた。またタナートーンは、ある政治団体から、政党のウェブサイトに記載した経歴が虚偽であるとの訴えを選挙委員会に出された。ただし、経歴詐称の件については、選挙委員会が証拠不十分と判断した。

　総選挙後、新未来党は、新興政党ながら第3位の政党へと躍進した。しかし今度は、タナートーンが2015年の政治集会に関して扇動罪に問われた。2015年当時、まだタナートーンは政界入りしていなかったが、同年6月下旬にバンコク芸術文化センターにて実施された反クーデター政治集会を支援したことが違法行為であるとされたのである。これらに加えて選挙委員会は、タナートーンが政治家のメディア関係企業の株式保有を禁じた規定に違反していたとして憲法裁判所に提訴した。そして11月20日、憲法裁判所はタナートーンの議員資格を剥奪するとの判決を下した。今後の展開次第では、タナートーンが最長20年間の政治活動が禁じられたり、新未来党が解党されたりする可能性もある。今後も予断を許さない状況となっている。

　2019年総選挙は、ソーシャルメディアが、もはや自由な意見交換の場では

なく、軍事政権による政治的取り締まりの場になったことを再認識させられる機会となった。プラユット暫定政権による取り締まり対象は、タックシン派の政治家や活動家だけに限られない。民主主義を求める政治家、研究者や学生など、幅広く取り締まりの対象となりうる。ソーシャルメディア上での些細な書き込みや情報シェアが、当局によって取り締まられるか否か予測がつきにくい状況が、社会全体に漠然とした恐怖感を醸成している。

6.　ソーシャルメディアにおける市民の対応

自粛状況の出現

　前述のように、タイにおけるソーシャルメディア、とくにフェイスブックの利用者数は非常に多い。陸軍、警察、DSIなど多数の機関が情報の監視にあたっているにもかかわらず、放送メディアとは異なり、完全にソーシャルメディア上の情報を統制することはできない。そのため、プラユット暫定政権もしくは当局側は、国民に対して「脅し」をかけ、政治家や知識人を含む国民側に「自粛」させることを重要な戦略に位置づけている。たとえば2017年7月には、軍人がある学者の自宅を訪れて、彼はフェイスブック上でNCPOについて「独裁」という言葉を使用して批判することをやめるように脅迫した。しかし、軍による当該行為は法律には基づいておらず、のちに「ソーシャルメディアを慎重に使用するように」とのメッセージを知らしめることがその意図であったことが明かされた[11]。

　前述のように、タイにおける情報統制は、コンピューター犯罪法と不敬罪（または扇動罪）の合わせ技による取り締まりが多い。そのため、どのような行為が違法とされるかが予測しにくい。些細な行為により逮捕され重い処罰を受ける状況が、ソーシャルメディアを自由な言論空間から地雷原に変化させ、国民に恐怖を感じさせている。このような当局の動きに反応して、2016年には、タックシン元首相が保有するインターネットテレビのVOICE TVが取り締まりを逃れるため一時的に自社のフェイスブックのアカウントを停止したことがある。その他のメディアも、ウェブ上に記事を掲載する際には再度編集するなど、当局による取り締まりを受ける前に記事の内容について自制する動きも珍

しくない。

ガス抜き空間の創出

　ここまでみてきたように、プラユット暫定政権による情報統制は厳しい。し
かし意外にも、サイバー空間には一見すると正反対のようにみえる状況も共存
する。陸軍サイバーセンター、国家警察テクノロジー犯罪取締局の公式フェイ
スブック、そしてプラユット首相の公式フェイスブックやツイッターには、プ
ラユット（暫定）政権に対する批判が書き込まれていることが多々ある。

　たとえば、国家警察テクノロジー犯罪取締局の公式フェイスブックには、
「国民のために働いているのか、NCPOのために働いているのか」（2018年10月
27日書き込み）などの批判コメントが書き込まれている。また国民の個人アカ
ウントにも、クーデター、プラユット暫定政権、軍や警察に対する批判コメ
ントや、プラユット首相やプラウィット副首相を嘲る画像などが多数流れてい
る。嘲りの対象として最も人気なのは、プラユット首相である。とくにタック
シン首相と比較して、プラユット首相が「愚かである」ように描かれることが
多い。

　プラユット首相は、2018年10月からソーシャルメディアでの情報発信を開
始した。プラユットがソーシャルメディアを始めた理由は、自らと国民との距
離を近くするためだとされる。プラユット首相は、ソーシャルメディア開始
後、頻繁にツイッターやフェイスブックにコメントや写真を投稿している。し
かし、プラユット首相のソーシャルメディア上には、国民からの嘲りの書き
込みが並ぶ。たとえば、プラユット首相夫妻は、日本で天皇の即位の礼に参加
し、その様子をツイッターとフェイスブックに投稿している。この投稿に対し
て、タイ人たちからはひどい書き込みが相次いだ。

「大事な式典で馬鹿なところを見せるなよ。恥ずかしい」
　　　https://twitter.com/KCChole_Jida/status/1186600261768204289
「黙って座っていろ。すぐに人々は彼が馬鹿だと気がつくだろう」
　　　https://twitter.com/jhminSJ_/status/1186606864974278657
「もう帰ってこなくていいから」

図3.　プラユットのツイッター
出所：https://twitter.com/prayutofficial/status/1186596042235465728
（2019年11月18日アクセス）

https://twitter.com/APIYAPANMUANG1/status/1186622535162400769
（いずれも公式ツイッターへの一般市民の書き込み　2019年10月22日投稿）

　プラユット首相のフェイスブックとツイッターには、上記のような中傷が書き込まれ続けているが、彼がソーシャルメディアをやめる様子はない。前述のようにプラユット暫定政権による情報統制は、過去の軍事政権よりも厳しい。しかし同時に、プラユットのソーシャルメディアは、政権に不満を持つ国民に対に対する一種のガス抜きの場ともなっている。ただし、ゴシップのような悪口は書かせるが、王室、軍の政治的役割の是非、民主主義といった政治体制に関する根本的な議論はさせない。同暫定政権による情報統制は、飴と鞭を使い分けながら、ゆっくりとタイ社会から政治的な意見を発信する力を削ごうとする試みかもしれない。

7. 情報統制とタイ民主化の未来

　当初、タイにおけるソーシャルメディアは、軍部によって統制されない自由な言論空間であった。しかし、タックシン派と反タックシン派との争いのなかで、王室の権威が傷つけられたことにより状況が一変した。2014年クーデター後に登場したプラユット暫定政権のもとで、ソーシャルメディアは、軍事政権が政敵を打倒するための狩場へと変わった。王室や軍事政権に対して批判的な人々にとって、ソーシャルメディアで政治的意見を表明することは、大きなリスクを伴うこととなった。厳しい情報統制の結果、サイバー空間での言論に自粛状況が生じたことは、タイ民主化にとって大きなマイナス要因である。プラユット暫定政権が約5年間も総選挙の実施を引き延ばすことができたのは、厳しい情報統制により民意を抑え込んできたことが一因であろう。

　しかし、同政権による厳しい情報統制は、タイの王室を頂点とする伝統的な秩序を保つことが限界にきていることの表れでもある。本原稿を執筆している2019年12月14日、新未来党が解党される可能性が高まってきたことに怒りを覚えた多数の民衆が、タナートーンの呼びかけに応じてバンコク中心部に集結した。民衆はサイバー空間から現実空間に出て、プラユット政権に対する抗議の声を上げ始めた[12]。プラユット政権は、サイバー空間ではアカウントの削除などによって言論の自由を制限してきた。では、現実空間で再び開始された反政府デモに対して、どのように対処するのだろうか。プラユット政権は情報統制をいっそう強化するだろう。政権は再び人々の批判を抑え込むことができるか、それとも、民衆は弾圧を恐れずに政権に立ち向かうのか。今後のタイ民主化の行方は依然不透明である。

注記 ——————

(1) 外山文子「タイでクーデタが繰り返される理由——タイ民主化の未来は暗いのか？」シノドス、2014年10月7日。https://synodos.jp/international/10947（2019年11月18日最終アクセス）。Tyrell Haberkorn, *In Plain Sight: Impunity and Human Rights in Thailand (New Perspectives in Se Asian Studies)*. University of Wisconsin Press, 2018.

(2) Robert Talcoth, "Thailand's social media battleground," *New Mandala*, 26 March 2015.

https://www.newmandala.org/thailands-social-media-battleground/（2019年11月18日最終アクセス）。Veraporn Prasoprattanasuk, *Sombat Boonngamanong's facebook fanpage in social movement against amnesty bill*, 2015. タムマサート大学ジャーナリズム・マスコミュニケーション学部修士論文（タイ語）。

(3) "Thai army says will block social media over critical content," *Physorg*, 22 May 2014. https://phys.org/news/2014-05-thai-army-block-social-media.html（2019年11月18日最終アクセス）。

(4) Pinkaew Laungaramsri, "Mass surveillance and the militarization of cyberspace in post-coup Thailand," *ASEAS – Austrian Journal of South-East Asian Studies*, 9(2), 2016, pp. 195-214.

(5) 外山文子「第2章 タイ タックシンはなぜ恐れられ続けるのか──滅びないポピュリズムと政治対立構造の変化」外山文子・日下渉・伊賀司・見市建編『21世紀東南アジアの強権政治──「ストロングマン」時代の到来』明石書店、2018年、pp. 38-99。

(6) Liu Yangyue, *Competitive Political Regime and Internet Control: Case Studies of Malaysia, Thailand and Indonesia*. Cambridge Scholars Publishing. 2014, pp. 82-97.

(7) 陸軍サイバーセンターホームページ https://cyber.rta.mi.th/about.php#（2019年11月18日最終アクセス）。Thai Army forms 'Army Cyber Centre' to protect the monarchy. *Prachatai*. 2015年10月21日掲載記事。https://prachatai.com/ nglish/node/5559（2019年11月18日最終アクセス）

(8) "Over 400 lèse majesté websites shut down in 7 months," *Prachatai*, 12 May 2017. https://prachatai.com/nglish/node/7137（2019年11月18日最終アクセス）

(9) *The Global Disinformation Order 2019*. University of Oxford. https://comprop.oii.ox.ac.uk/wp-content/uploads/sites/93/2019/09/CyberTroop-Report19.pdf（2019年11月18日最終アクセス）。

(10) "Thailand votes: 'War room' polices social media," *The Straits Times*, 20 March 2019. https://www.straitstimes.com/asia/se-asia/war-room-polices-social-media（2019年11月18日最終アクセス）。

(11) *Thailand Country Report / Freedom on the Net 2018*. https://freedomhouse.org/report/freedom-net/2018/thailand（2019年11月18日最終アクセス）。

(12) 本稿の最終校正直前の2020年2月21日、憲法裁判所が、選挙委員会より提訴されていた、新未来党が党首タナートーンから借り入れをしている件について実質的な資金供与であるとの判決を下した。これにより、新未来党は解党、幹部16名は10年間の政治活動禁止となった。

■著者紹介（執筆順）

見市　建（みいち　けん）［序章］
編著者紹介を参照。

茅根由佳（かやね　ゆか）［序章・第2章］
編著者紹介を参照。

本名　純（ほんな　じゅん）［第1章］
立命館大学国際関係学部教授。博士（政治学）。インドネシア政治、比較政治学。主な著書に、『民主化のパラドックス──インドネシアにみるアジア政治の深層』（岩波書店、2013年）、*Military Politics and Democratization in Indonesia* (Routledge, 2003)などがある。

日下　渉（くさか　わたる）［第3章］
名古屋大学大学院国際開発研究科准教授。博士（比較社会文化）。政治学、フィリピン地域研究。主な著作に、『反市民の政治学──フィリピンの民主主義と道徳』（法政大学出版局、2013年）、*Moral Politics in the Philippines: Inequality, Democracy and the Urban Poor* (National University of Singapore Press and Kyoto University Press, 2017)などがある。

木場紗綾（きば　さや）［第4章］
公立小松大学国際文化交流学部准教授。博士（政治学）。フィリピン政治、比較政治学（とくに政軍関係理論）、軍事社会学。主な著作に、「東南アジア」（一般財団法人平和・安全保障研究所『激化する米中覇権競争・迷路に入った「朝鮮半島」』2019年）、「米中の間で揺れる東南アジアの外交と日本の関与」（『社会科学』同志社大学人文科学研究所、第48巻第4号、2019年）などがある。

伊賀　司（いが　つかさ）［第5章］

名古屋大学大学院国際開発研究科特任助教。博士（政治学）。マレーシア政治、比較政治学。主な著作に、「2018年マレーシア総選挙における希望連盟（PH）のメディア・コミュニケーション戦略」（『社会科学』同志社大学人文科学研究所、第49巻第2号、2019年）、「マレーシアにおけるメディア統制と与党UMNOの起源――脱植民地期のマレー語ジャーナリズムと政治権力」（『東南アジア研究』第55巻第1号、2017年）、「現代マレーシアにおける『セクシュアリティ・ポリティクス』の誕生――1980年代以降の国家とLGBT運動」（『アジア・アフリカ地域研究』第17-1号、2017年）などがある。

中西嘉宏（なかにし　よしひろ）［第6章］

京都大学東南アジア地域研究研究所准教授。博士（地域研究）。比較政治学、ミャンマー地域研究。主な著作に、*Strong Soldiers, Failed Revolution: The State and Military in Burma 1962-88* (National University of Singapore Press and Kyoto University Press, 2013)、『ミャンマー2015年総選挙――アウンサンスーチー新政権はいかに誕生したのか』（共編、アジア経済研究所、2016年）などがある。

外山文子（とやま　あやこ）［第7章］

筑波大学人文社会系准教授。博士（地域研究）。タイ政治、比較政治学。主な著作に、『タイ民主化と憲法改革――立憲主義は民主主義を救ったか』（京都大学学術出版会、2020年）、『21世紀東南アジアの強権政治――「ストロングマン」時代の到来』（共編著、明石書店、2018年）、「タイにおける半権威主義体制の再登場――連続性と不連続性」（『競争的権威主義の安定性／不安定性（日本比較政治学会年報第19号）』ミネルヴァ書房、2017年）などがある。

■編著者紹介

見市　建（みいち　けん）
早稲田大学大学院アジア太平洋研究科教授。博士（政治学）。インドネシア政治、比較政治学。主な著作に、"Urban Sufi and politics in contemporary Indonesia: the role of dhikr associations in the anti-'Ahok' rallies"（*South East Asia Research* 27(3), 2019）、『新興大国インドネシアにおける宗教市場と政治』（NTT出版、2014年）などがある。

茅根由佳（かやね　ゆか）
筑波大学人文社会系助教。博士（地域研究）。インドネシア政治、比較政治学。主な著作に、"Understanding Sunni-Shi'a sectarianism in contemporary Indonesia: A different voice from Nahdlatul Ulama under pluralist leadership"（*Indonesia and the Malay World*, 2020）、「現代インドネシアにおけるシーア派排斥運動の台頭とその限界」（『アジア・アフリカ地域研究』第19-1号、2019年）、「現代インドネシアにおける宗教的少数派抑圧のメカニズム──マドゥラ島サンパン県のシーア派追放事件を手がかりに」（『イスラーム世界研究』第11巻、2018年）などがある。

ソーシャルメディア時代の東南アジア政治

2020年3月20日　初版第1刷発行

編著者	見 市 　 建
	茅 根 由 佳
発行者	大 江 道 雅
発行所	株式会社 明 石 書 店

〒101-0021 東京都千代田区外神田6-9-5
電　話　03 (5818) 1171
ＦＡＸ　03 (5818) 1174
振　替　00100-7-24505
https://www.akashi.co.jp

装　丁	明石書店デザイン室
印刷・製本	モリモト印刷株式会社

（定価はカバーに表示してあります）
ISBN978-4-7503-4996-1

◆ 世界の教科書シリーズ ◆

◆ 世界の教科書シリーズ ◆

㉝ 世界史のなかのフィンランドの歴史
フィンランド中学校近現代史教科書
ハッリ・リンタ＝アホ／マルヤーナ・ニエミ ほか著
百瀬宏 監訳 石野裕子・高瀬愛子 訳
◎5800円

㉞ イギリスの歴史【帝国の衝撃】
イギリス中学校歴史教科書
ジェイミー・バイロン ほか著
前川一郎 訳
◎2400円

㉟ チベットの歴史と宗教
チベット中学校歴史宗教教科書
チベット中央政権文部省 著
石濱裕美子・福田洋一 訳
◎3800円

㊱ イランのシーア派イスラーム学教科書II
イラン高校国定宗教教科書【3・4年次版】
富田健次 訳
◎4000円

㊲ バルカンの歴史
バルカン近現代史の共通教材
南東欧における民主主義と和解のためのセンター〈CDRSEE〉 企画
クリスティナ・クルリ 総括責任 柴宜弘 監訳
◎6800円

㊳ デンマークの歴史教科書
デンマーク中学校歴史教科書
古代から現代の国際社会まで
イェンス・オーイェ・ポールセン 著
銭本隆行 訳
◎3800円

㊴ 検定版 韓国の歴史教科書
高等学校韓国史
イ・インソク、チョンスヘン、ヤル・バクチョンヒョン、パクボミ 著
キム・サンギ、イム・ヘンマン
三橋広夫・三橋尚子 訳
◎4600円

㊵ オーストリアの歴史
ギムナジウム高学年歴史教科書
【第二次世界大戦終結から現代まで】
アントン・ヴァルト、エドガルト・シュタディンガー、アロイス・ショイヒ、
ヨーゼフ・シャイペル 著
中尾光延 訳
◎4800円

㊶ スペインの歴史
スペイン高校歴史教科書
J・アルデオ・サンチェス、M・ガルシア・セバスティアン、C・ガルシア・アルモン、
J・バラオナ・ガエル、M・リスケス・コルバーリャ 著
立石博高 監訳
竹下和亮、内村俊太、久木正雄 訳
◎5800円

㊷ 東アジアの歴史
韓国高等学校歴史教科書
アン・ビョンウ、キム・ヒョンジョン、イ・グン、ジャンジゴ、ハム・ドンジュ、
キム・ジョンジン、パク・チュンジョン、チョンヨン・アンジュスク 著
三橋広夫、三橋尚子 訳
◎3800円

㊸ ドイツ・フランス共通歴史教科書【近現代史】
ウィーン会議から1945年までのヨーロッパと世界
ペーター・ガイス、ギヨーム・ル・カントレック 監修
福井憲彦・近藤孝弘 監訳
◎5400円

㊹ ポルトガルの歴史
小学校歴史教科書
アナ・ロドリゲス、オリヴェイラ、アリンダ・ロドリゲス、
フランシスコ・カンタ「ゴテ」、A・H・デ・オリヴェイラ・マルケス 校閲
東明彦 訳
◎5800円

㊺ イランの歴史
イラン・イスラーム共和国高校歴史教科書
八尾師誠 訳
◎5000円

㊻ ドイツの道徳教科書
5、6年実践哲学科の価値教育
ローラント・ヴォルフガング・ヘンケ 編集代表
濱谷佳奈 監訳 栗原麗羅、小林亜未 訳
◎2800円

◆ 以下続刊

〈価格は本体価格です〉

●世界歴史叢書●

南アフリカの歴史【最新版】
レナード・トンプソン 著
宮本正興・吉國恒雄・峯陽一、鶴見直城 訳
◎8600円

韓国近現代史
1905年から現代まで
池明観 著
◎3500円

アラブ経済史
1810〜2009年
山口直彦 著
◎5800円

新版 韓国文化史
池明観 著
◎7000円

新版 エジプト近現代史
ムハンマド・アリー朝成立からムバーラク政権崩壊まで
山口直彦 著
◎4800円

アルジェリアの歴史
フランス植民地支配・独立戦争・脱植民地化
バンジャマン・ストラ 著
小山田紀子、渡辺司 訳
◎8000円

インド現代史【上巻】
1947-2007
ラーマチャンドラ・グハ 著
佐藤宏 訳
◎8000円

インド現代史【下巻】
1947-2007
ラーマチャンドラ・グハ 著
佐藤宏 訳
◎8000円

肉声でつづる民衆のアメリカ史【上巻】
ハワード・ジン、アンソニー・アーノブ 編
寺島隆吉、寺島美紀子 訳
◎9300円

肉声でつづる民衆のアメリカ史【下巻】
ハワード・ジン、アンソニー・アーノブ 編
寺島隆吉、寺島美紀子 訳
◎9300円

現代朝鮮の興亡
ロシアから見た朝鮮半島現代史
A・V・トルクノフ、V・I・デニソフ、V・I・リ 著
下斗米伸夫 監訳
◎5000円

現代アフガニスタン史
国家建設の矛盾と可能性
嶋田晴行 著
◎3800円

マーシャル諸島の政治史
米軍基地・ビキニ環礁核実験・自由連合協定
黒崎岳大 著
◎5800円

中東経済ハブ盛衰史
19世紀のエジプトから現在のドバイ、トルコまで
山口直彦 著
◎4200円

ドイツに生きたユダヤ人の歴史
フリードリヒ大王の時代からナチズム勃興まで
アモス・エロン 著
滝川義人 訳
◎6800円

カナダ移民史
多民族社会の形成
ヴァレリー・ノールズ 著
細川道久 訳
◎4800円

バルト三国の歴史
エストニア・ラトヴィア・リトアニア
石器時代から現代まで
アンドレス・カセカンプ 著
小森宏美、重松尚 訳
◎3800円

朝鮮戦争論
忘れられたジェノサイド
ブルース・カミングス 著
栗原泉、山岡由美 訳
◎3800円

〈価格は本体価格です〉

〈価格は本体価格です〉